전국재의 놀이 백과 시리즈 ❺

온 나라가 들썩들썩

세계의 어린이 놀이
184

전국재의 놀이 백과 시리즈 ❺

온 나라가 들썩들썩
세계의
어린이 놀이
184

글·그림 청소년과 놀이문화연구소 전국재

시그마북스
Sigma Books

전국재의 놀이 백과 시리즈 ❺

온 나라가 들썩들썩 세계의 어린이 놀이 184

발행일 2014년 11월 24일 초판 1쇄 발행
글·그림 청소년과 놀이문화연구소 전국재
발행인 강학경
발행처 시그마북스
        Sigma Books
마케팅 정제용, 신경혜
에디터 권경자, 양정희, 최윤정
디자인 홍선희, 최미영, 최지애
등록번호 제10-965호
주소 서울특별시 영등포구 양평로 22길 21 선유도코오롱디지털타워 A404호
전자우편 sigma@spress.co.kr
홈페이지 http://www.sigmabooks.co.kr
전화 (02) 2062-5288~9
팩시밀리 (02) 323-4197
ISBN 978-89-8445-601-3 (04370)
        978-89-8445-432-3 (세트)

* 시그마북스는 ㈜시그마프레스의 자매회사로 일반 단행본 전문 출판사입니다.

머리말

놀이가 얼마나 위대하고 놀라운 힘이 있는지 제가 경험했던 한 예를 들어서 나누고자 합니다. 지난해 베들레헴 YMCA에서 전직원을 대상으로 치유를 목적으로 한 2박 3일의 프로그램을 맡아 달라는 부탁을 받고 2014년 2월 이스라엘을 방문했습니다. 이미 논의된 일이지만 집단을 시작하기 전에 YMCA 사무총장과 만나 전 과정을 상담이나 치료가 아닌 놀이로 진행하기로 재차 확인했습니다.

이 집단은 내가 만난 집단 중에 가장 힘든 집단이었습니다. 참가자 전원이 치유 프로그램을 담당하는 전문 상담가와 사회복지사들이었습니다. 집단구성원은 무슬림과 기독교인이 7대 3이었고, 성비도 남녀가 3대 7이었습니다. 소진에서 벗어나 치유와 회복을 이루고자 하는 것이 집단의 목표였습니다. 그리고 내가 영어로 말하면 현지인이 아랍어로 통역해야 하는 번거로움을 극복해야 했습니다. 그것도 놀이를 말입니다.

2014년 2월 10일, 집단은 이렇게 여리고 인터콘티넨탈 호텔에서 시작되었습니다. 그날부터 3일 내내 실로 놀라운 일이 벌어졌습니다. 남녀가 함께 집단을 이룰 수 없고 손도 잡을 수 없는 무슬림 사람들, 그리고 그리스도인들이 놀이세계에 몰입하면서 함께 춤추고 노래하고 웃고 울고 뒹굴면서 정신

없이 뛰놀며 사흘을 보냈습니다. 그야말로 감격, 흥분, 기쁨이 어우러진 광란의 사흘이었습니다.

참가자들은 모두가 20대부터 60대에 이르는 성인들이었지만 그들은 그야말로 어린이들이었습니다. 모두가 어린이로 돌아갔던 것입니다. 일평생 분쟁 지역에서 살면서 잃어버렸던 어린 세계를 되찾는 감격을 느끼며 모두들 놀라워했습니다. 이스라엘군이 쏜 총탄에 맞아 머리 한쪽이 함몰된 참가자가 나를 와락 껴안으면서 "어린 시절로 돌아간 기분이어서 너무나 행복하다"며 감격해했습니다. 이것이 놀이의 힘입니다. 놀이가 종교, 인종, 성별, 나이, 문화를 극복하고 모두가 행복하고 즐거운 공동체로 초대했던 것입니다.

나는 우리나라의 민속놀이에서 수많은 교육적 교훈들을 하나씩 발견하고 깨우칠 때마다 놀라움을 금치 못했습니다. 민속놀이는 값진 보화들이 가득 찬 보물상자인 것이 분명했습니다. 그런데 그런 보물들이 우리나라 민속놀이에만 담겨져 있는 것으로 착각했습니다. 다른 문화에 대한 내 경험이 일천했기 때문이지요. 몽골, 중국, 말레이시아, 보르네오 섬 깊은 정글 등과 같은 여러 아시아 국가, 아프리카 어린이들, 그리고 베드윈족 어린이들을 만나면서 놀이는 어찌 그리 똑같은지 놀라지 않을 수 없었습니다. 말과 문화가 달라도 놀이를 하는 어린이들의 마음, 생각, 느낌, 모습들에는 한결같은 놀이세계가 있다는 사실을 깨닫게 되었습니다.

이 놀이 백과 시리즈 5권은 전 세계의 어린이 놀이를 담았습니다. 여기에 소개하는 놀이들은 대부분 발품을 팔면서 찾아낸 놀이가 아니라는 아쉬움이 있습니다. 또한 제가 세계의 놀이 전문가가 아니라는 한계를 가지고 있습니다. 하지만 꽤 오랜 세월 동안 지속적으로 관심을 가지고 문헌과 현장을 찾아다니며 알게 되었고 실제로 해보고 느낀 놀이들입니다.

날로 잊혀져가고 있는 이 놀이들이 공부에 찌들려 자신의 생각, 느낌, 표현, 경험, 세계를 빼앗겨버려서 불행한 어린이들이 자기를 찾아 행복해지는 데 도움이 되기를 간절히 바랍니다. 또한 온 세상 어린이들이 놀이에서 하나 되어 모두 행복하고 즐겁고 안전하고 평화로운 공동체를 이루는 데 밑거름이 될 수 있기를 바라는 바입니다. 놀이만이 분명 유일한 해답입니다.

참고로 이 책에서는 지금까지 놀이 백과 시리즈 1~3권에서 사용한 연령, 놀이 장소, 집단의 크기, 놀이 대형에 관한 표시를 하지 않았음을 알려드립니다. 여기에 실린 놀이들은 모두 어린이들 놀이지만 어린이들만 할 수 있는 놀이가 아닌 남녀노소 연령 구분 없이 함께 즐길 수 있는 놀이라는 점을 기억해 두시기 바랍니다.

청소년과 놀이문화연구소의 간사들, 특히 지금 몽골에서 어린이들과 신나게 놀고 있을 김민지 간사에게 고마움을 전합니다. 놀라우리만치 섬세한 교정으로 거친 글을 멋진 글로 탈바꿈해주신 시그마북스 임직원분들께 진심으로 감사의 마음을 전합니다.

등걸 전국재

Contents

놀이에 대한 10가지 입장

이 책에 담겨진 놀이들은 모두 다음의 10가지 신념에 기초하고 있습니다.

하나, 놀이는 자발적으로 참여하는 사람만이 즐길 수가 있습니다.
놀이는 스스로 즐기는 것입니다. 자발적으로 참여한 사람들만이 놀이 안에서 자유, 행복, 기쁨, 즐거움, 이웃과의 감격스런 만남을 경험하게 됩니다. 놀이지도자는 스스로 즐길 수 있도록 그들에게 동기부여를 하고 놀거리와 놀이터를 제공해주는 도움자요 촉진자의 역할을 합니다. 놀이하는 사람은 관람자가 아니라 놀이터의 주인공입니다.

둘, 놀이는 사람들과의 참만남, 사귐, 나눔, 섬김, 그리고 돌봄의 기쁨을 선사합니다.
놀이하는 사람들은 모두 이 세상에 하나밖에 없는 특별하고 소중한 존재입니다. 참가자들은 경쟁하거나 비교하지 말고 서로의 다른 점을 즐기고 나눌 수 있어야 합니다. 이 책에서 소개한 놀이들은 모두 비경쟁 협동놀이입니다. 놀이를 즐기면서 참가자들이 진정한 만남, 사귐, 나눔, 섬김, 그리고 돌봄이 이루어질 수 있기를 바랍니다.

셋, 놀이규칙은 엄격히 지켜지고 존중해야 합니다.

규칙이 없고, 있어도 지켜지지 않는 놀이는 아무런 유익이 없습니다. 규칙은 놀이를 구속하는 것이 아니라 참된 즐거움을 가질 수 있도록 도와주고 절제의 미덕을 가르쳐 줍니다. 놀이에서 규칙은 사람들 사이의 진솔한 만남과 사귐이 이루어지도록 하는 데 반드시 필요한 조건이고 공동의 약속입니다.

넷, 놀이는 그 자체가 목적이 되어야지 의도적이거나 조작적이어서는 안 됩니다.

놀이의 목적은 놀이 자체를 즐기는 데 있습니다. 어린 시절 맘껏 뛰놀면서 자유, 기쁨, 만남, 나눔을 맛본 사람은 이웃과 더불어 사는 기쁨을 누리는 넉넉하고 행복한 사람으로 자라나게 됩니다. 놀이에 어떤 의도적인 목적이 있어서는 안 됩니다. 놀이하는 사람이 제 멋에 따라 맘껏 즐기도록 놓아두면 그때 비로소 놀이가 가진 교육적, 상담적, 치유적인 힘이 발휘됩니다.

다섯, 놀이하는 사람들의 내적 동기를 촉진하려면 경쟁이 아니라 협동해야 합니다.

놀이에는 대부분 경쟁적인 요소가 있습니다. 하지만 경쟁이 목적이 되다 보면 의미는 사라지게 되고 이기고 지는 허상만 남게 됩니다. 경쟁은 인간관계에 심각한 손상을 줍니다. 규칙을 인정하고 함께 존중하는 놀이에서는 이기고 지는 것이 크게 문제가 되지 않습니다. 경쟁을 하면서 놀이 규칙을 존중하고 잘 지키면, 사람들은 거기에서 만남과 사귐, 그리고 나눔을 경험하게 됩니다.

여섯, 놀이에서 보상은 독약과 같습니다.

놀이에서 외적 보상은 도움이 되기보다는 오히려 해롭습니다. 이긴 사람(모둠)에게 상을 주는 것은 그보다 훨씬 중요한 내적 동기를 손상시키고 놀이의 본질을 왜곡시킵니다. 보상을 하더라도 타인과 비교하지 않으면서 참가자 개개인의 재능, 특성, 장점을 인식하고 지지하고 촉진하는 방향으로 조심스럽게 적용해야 합니다. 놀이에서 보상은 독약과 다를 바 없습니다.

일곱, 놀이는 결과보다 과정이 더 중요합니다.

일에는 목적이 있으며, 그것을 통해 어떤 성과를 기대합니다. 일은 외부로부터 강요되기도 하고 그 과정에서 고통을 수반하기도 합니다. 이에 반해 놀이는 어떤 목적을 위한 것이 아니라 놀이 자체가 목적이 되고 과정이 더욱 중요합니다. 다른 사람들과 비교당하는 데에서 자유로워지기만 해도 청소년들은 행복해질 수 있습니다. 자기가 직접 자기만의 방법으로 해 볼 수 있도록 지지하고 존중할 때 청소년들은 비로소 제법에 따라 건강하게 성장할 수 있게 됩니다.

여덟, 놀이는 누구나 쉽게 즐기고 지도할 수 있어야 합니다.

놀이는 특별한 재능을 가진 전문가만의 전유물이 되어서는 안 됩니다. 놀이는 모든 사람들이 즐길 수 있고 누구나 지도할 수 있어야 합니다. 나는 지금까지 놀이로 돈벌이를 해서는 안 된다는 신념을 지켜왔습니다. 놀이가 어느 특정한 사람들의 전유물이 되어서는 안 됩니다. 놀이는 모든 사람들의 것입니다.

아홉, 놀이지도자는 참가자들과 함께하는 동반자이며 도움자이고 촉진자입니다.

노자는 "지도자는 국민들이 그가 있는지조차 모를 때 가장 훌륭한 지도자이다. 국민들이 순종하고 그를 환호할 때는 그리 훌륭한 지도자가 아니다. 국민들이 그를 경멸한다면 가장 나쁜 지도자이다. 그러나 훌륭한 지도자는 말도 거의 없이 할 일을 다 하고 목적을 완수했음에도, 오히려 국민들은 모두 우리가 스스로 이 업적을 성취했다고 말할 것이다."(도덕경 19장)라고 하였습니다. 놀이지도자는 참가자들과 함께 즐기는 동반자이며 그들을 도와주고 후원하고 촉진하는 사람입니다.

열, 놀이는 어린이뿐만 아니라 남녀노소 모두가 함께 어울릴 수 있어야 합니다.

어린이의 마음을 가진 사람이라면 누구나 놀이를 즐길 수 있습니다. 문제는 어린이의 마음을 잃어버린 어른들이 많다는 데 있습니다. 이러한 점에서 이 책에서는 연령층을 엄격하게 구분하지 않고 있습니다. 참가자와 모임의 성격에 알맞은 놀이를 찾고 준비하는 일은 지도자가 감당해야 할 몫입니다.

나는 마음이 병들고 지친 청소년들이 순식간에 놀이세계에 빠져들어 무아지경에서 내면의 진정한 자기를 만나고 건강해져가는 모습을 현장에서 수없이 목격했습니다. 그래서 나이가 들수록 놀이를 대하는 태도가 더욱 진지해져만 갑니다. 놀이야말로 이 나라 청소년들을 살려낼 수 있는 유일하고도 확실한 대안입니다. 놀이는 어린이와 청소년들이 마땅히 누려야 할 권리이고 특권입니다. 놀이는 교육, 상담, 치료보다 훨씬 더 본질적인 가치를 가지고 있습니다. 놀이는 청소년들의 삶 그 자체입니다. 청소년들에게 문제가 있어서 병이 들고 문제 청소년이 되는 것이 아닙니다. 청소년들에게서 그들이 마땅히 누려야 할 특권인 놀이, 곧 삶을 부당하게 박탈했기 때문입니다. 사람이 있는, 그래서 사람과 사람이 만나서, 서로를 느끼고 소중히 여기며, 함께 어울려 사귐과 나눔을 가지면서 나를 알아가고 다른 사람들과 더불어 사는 지혜를 키워나가는 그런 신나는 놀이터가 그리워집니다. 이제 그런 신나는 놀이터로 함께 나아갑시다.

야외에서 즐기는 놀이

가랑이 사이로

준비물: 배구공 크기의 공 **인원수:** 20~30명

두 모둠을 나누고 모둠별로 원 대형을 만듭니다. 이때 어린이들은 두 발을 크게 벌려 옆 사람의 발과 맞붙입니다. 각 모둠에서 한 사람씩 나와서 상대 모둠의 원 중앙에 공을 들고 섭니다. 시작이 되면 원 안의 어린이들은 공을 던져서 가랑이 사이나 사람과 사람 사이의 허리 아래 부분을 통과시키도록 합니다. 어린이들은 손으로 날아오는 공을 막을 수 있으나, 발을 움직여서는 안 됩니다. 공을 던지는 어린이는 맞추는 데 실패하면 공을 주워 원 중앙으

로 돌아와 다시 던질 수 있습니다. 성공한 어린이는 "아자!" 하고 외치고 1점을 얻게 됩니다. 어느 한 모둠이 점수를 얻으면 다시 각 모둠에서 한 사람씩 나와서 같은 방법으로 계속합니다. 전원이 돌아가며 공을 던진 다음 어느 모둠이 점수를 더 많이 얻는지 알아봅시다.

하늘을 나는 공

준비물: 고무공(직경 10cm 정도)　**인원수:** 10~15명

어린이들은 모두 원 안으로 들어가고 술래가 원 중앙에 서서 공을 수직으로 하늘 높이 던지면서 한 친구의 이름을 크게 부릅니다. 호명된 어린이가 달려 들어와 떨어지는 공을 잡는 동안 다른 어린이들은 원 밖으로 멀리 도망칩니다. 공을 잡은 술래가 "동작 그만" 하고 외치면 다른 어린이들은 그 자리에 즉시 섭니다. 술래는 공을 잡은 자리에서 그대로 공을 던져 한 어린이를 맞혀야 합니다. 어린이들은 서 있는 자리에서 한 발만 움직여서 날아오는 공을 피할 수 있습니다. 이렇게 하여 한 어린이가 공에 맞으면 그 어린이가 술래가 되어 같은 방법으로 다시 합니다.

곤봉 맞히기

준비물: 배구공 2개, 곤봉(또는 대형 플라스틱 컵) 4~8개   **인원수:** 20명 내외

두 모둠으로 나누어서 각각 자기 진영에 서고 놀이구역 반대편에 한 사람씩 가 있도록 합니다. 시작이 되면 공으로 상대 모둠 진영 뒤편에 세워놓은 곤봉을 맞힙니다. 이때 날아오는 공은 잡거나 몸으로 막을 수 있으며 자기 진영에서는 마음대로 움직일 수 있습니다. 반대편에 서 있는 사람은 공을 잡아 자기편 어린이들에게 넘겨줄 수 있습니다. 이 놀이는 시간을 정해서 하거나, 곤봉을 모두 맞힌 모둠이 이기는 것으로 승부를 가릴 수 있습니다.

21

돌고 돌아

준비물: 고무공(모둠수만큼)　　**인원수:** 20~40명

5~10명으로 이루어진 네 모둠은 정사각형 놀이터를 한 변씩 차지하여 정렬합니다. 각 모둠에서 한 사람씩 공을 들고 놀이터 중앙에 자기 모둠을 보고 섭니다. 시작이 되면 열 첫 번째 사람에게 공을 던지고 되받아서는 다시 두

번째 사람에게 공을 던집니다. 지그재그식으로 열 마지막 어린이에게까지 공이 전달되면 마지막 어린이는 공을 들고 중앙으로 달려가고, 지금까지 중앙에 있던 어린이는 첫 번째 어린이 자리로 달려갑니다. 이렇게 하여 어느 모둠이 가장 먼저 마치는지 겨루어봅시다.

숫 도사

준비물: 농구공 2개   **인원수:** 8~12명

두 모둠으로 나누고 농구 골대에 선 다음 각 모둠에서 한 어린이씩 나와 자유
투 선에 공을 들고 섭니다. 나머지 어린이들은 골대 주위에 서고 한 사람씩
골대 뒤에 섭니다. 시작이 되면 자유투 선에 서 있는 어린이들은 골대를 향
해 공을 던지고 골대 뒤에 서 있는 어린이들은 자기편 공을 주워 잽싸게 자유

투 선에 있는 동료에게 공을 던져줍니다. 공은 골대 뒤에 서 있는 어린이 외에는 만질 수 없습니다. 세 번을 던질 수 있으며, 골문에 공을 먼저 넣은 어린이의 모둠은 1점을 얻습니다. 두 어린이가 세 번을 던져서 모두 실패하게 되면 다음 어린이와 교대합니다. 공이 들어가면 차례를 바꾸어 다른 어린이가 하고 모든 어린이가 다 참여할 수 있도록 하여 어느 모둠이 더 많이 점수를 얻는지 가려봅시다.

피구

준비물: 배구공   **인원수:** 20~60명

두 모둠으로 나누어서 각기 자기 진영에 들어갑니다. 시작이 되면 공을 던져 상대 모둠 어린이의 허리 아래 부분을 맞힙니다. 공에 맞은 어린이는 즉시 자기 모둠의 수비 진영으로 나가도록 합니다. 땅에 튀긴 공에 맞은 경우(땅볼)는 탈락되지 않습니다. 날아오는 공을 받으면 공에 맞아 나가 있던 자기 모

둠 어린이 중에서 한 어린이가 들어올 수 있습니다. 아웃된 어린이가 아무도 없을 때 공을 받으면 받은 만큼 점수를 저축해 놓은 셈입니다. 어느 한 모둠이 모두 전멸할 때까지 계속하거나, 제한 시간을 정해놓고 남은 인원수를 세어 승부를 가릴 수 있습니다.

3중 피구

준비물: 배구공 또는 그만한 크기의 고무공   **인원수:** 30~60명

세 모둠이 동시에 겨루는 피구입니다. 세 모둠으로 나누고 각자 자기 진영으로 들어갑니다. 양쪽의 두 모둠은 서로 힘을 합쳐 한 모둠을 공격합니다. 순서대로 진영을 바꾸어서 세 판하고 최종 점수로 승부를 가립니다. 주심, 시간을 재는 사람, 채점하는 사람 등 심판을 세 사람 정합니다. 양쪽의 두 모둠

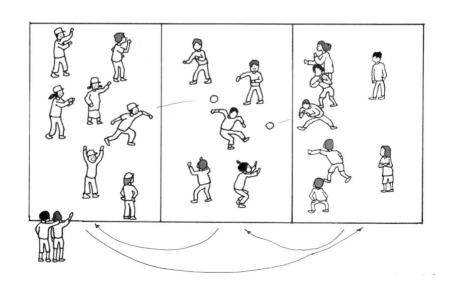

28

에게 공을 각각 한 개씩 나누어주고 시작이 되면 공을 던져 가운데 모둠 어린이들을 맞힙니다. 이때 땅에 튕겨서 맞거나, 허리 윗부분에 맞는 경우는 무효입니다. 공에 맞은 어린이는 즉각 퇴장하며 그 모둠은 벌점을 1점 받습니다. 공을 받으면 공을 던진 그 모둠이 벌점 1점을 받게 되는 동시에 공을 던진 어린이도 다음 판이 시작될 때까지 쉽니다. 판이 다시 시작되면 탈락했던 어린이들이 다시 들어오고 세 판을 모두 마친 다음 벌점이 가장 적은 모둠이 이기게 됩니다.

던지는 배구

준비물: 배구공, 배구 네트(코트 한 면의 크기: 가로, 세로 각 8m, 네트 높이 1.8m 정도)

인원수: 12~16명

두 모둠으로 나누어 각기 자기 진영에 섭니다. 시작이 되면 공을 들고 있는 어린이가 공을 상대 진영에 던집니다. 공이 자기 진영에 들어오면 공이 땅에 닿기 전에 공을 받아야 하며, 공이 땅에 닿게 되면 1점을 잃게 됩니다. 공이 떨어진 지점에서 다시 시작하며, 공이 코트 밖으로 나간 경우에는 공을 던진

모둠이 1점을 잃게 되고, 공이 나간 지점에서 시작합니다. 같은 모둠 어린이들끼리는 공을 토스할 수 있지만 서 있는 자리를 떠나서는 안 되며, 자리를 옮기게 되면 상대 모둠에게 공이 넘어갑니다. 하지만 공을 잡을 때는 움직일 수가 있습니다. 점수를 정해놓고 하거나 제한 시간을 정해놓고 할 수도 있습니다.

5-009

원형 피구

준비물: 배구공 또는 비슷한 크기의 고무공   **인원수:** 20~40명

두 모둠 중에서 한 모둠은 원(직경 8~10m) 안으로 들어가고 다른 모둠은 원 밖에 둘러섭니다. 시작이 되면 바깥 원 어린이들은 공을 던져 원 안의 어린이들을 맞히는데 허리 아래를 맞혀야 합니다. 허리 위 부분을 맞히거나 땅에 닿은 공에 맞으면 무효입니다. 공에 맞은 어린이는 곧바로 원 밖으로 나가도록 합니다. 원 안의 어린이가 공을 받으면 탈락된 순서에 따라 1명의 어린이가 다시 원 안으로 들어올 수 있습니다. 이렇게 하여 마지막 어린이가 탈락될 때까지 계속합니다. 두 모둠이 역할을 바꾸어 다시 하면서 어느 모둠이 더 오래 버티는지 알아봅시다.

가방 맞히기

준비물: 축구공, 같은 크기의 가방 2개　**인원수:** 6~10명

두 모둠으로 나눈 후 인원수에 따라 적당한 간격을 띄어서 양쪽 끝에 직경 3m 크기의 원을 그리고 그 중앙에 같은 크기의 가방(또는 플라스틱 통)을 놓아둡니다. 중앙선에 공을 놓은 다음 시작이 되면 두 모둠은 발로 공을 차서 상대 모둠의 가방을 맞히도록 합니다. 손은 사용할 수 없습니다.

카우보이와 야생마

인원수: 12~20명

4명이 카우보이가 되고 나머지 어린이들은 야생마가 됩니다. 카우보이들은 사각형 구역 안에 들어가 있고 야생마들은 선 밖(산악지대)에 나와 있습니다. 그리고 사각형 옆에는 적당한 크기의 우리를 원형으로 그려 놓습니다. 카우보이 조장이 "야생마"라고 외치면 말들은 일제히 선 밖에서 구역 안으로 들어

가 카우보이들에게 붙잡히지 않도록 도망 다닙니다. 붙잡힌 말은 우리 안으로 들어가 갇히게 되는데 말들이 모두 잡힐 때까지 계속합니다. 맨 마지막에 잡힌 어린이가 새로운 카우보이 조장이 되어 아직까지 카우보이를 해보지 못한 어린이들 중 3명을 정해 다시 시작합니다.

5-012

따라잡기

준비물: 공 2개   **인원수:** 20명 내외

두 모둠으로 나누고 크고 작은 2개의 원 안에 각각 반씩 들어가 서로 마주보고 섭니다. 정렬할 때 두 모둠 어린이들은 서로 엇갈려 서도록 합니다. 모둠별로 공을 한 개씩 가지는데 서로 원 반대 방향에 가지고 있습니다. 시작이 되면 같은 모둠끼리 지그재그 방향(안쪽 원-바깥 원-안쪽 원)으로 공을 전달하는데,

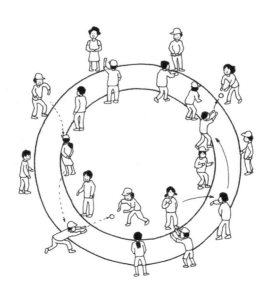

두 바퀴 돌아 제 위치로 먼저 돌아온 모둠이 1점을 얻게 됩니다. 이때 상대방 모둠의 공을 추월한 모둠은 보너스로 1점, 즉 2점을 얻게 됩니다. 5~7점까지 최종 점수를 정하여 먼저 점수를 딴 모둠이 이기게 됩니다.

5-013

깡통 맞히기

준비물: 깡통 5~10개, 축구공 **인원수:** 10~20명

15~20m 간격을 두고 평행선을 그은 후 두 모둠이 선을 하나씩 차지한 다음
마주보고 정렬합니다. 그런 다음 평행선 중간 지점에 깡통을 5~10개 듬성듬
성 놓아둡니다. 시작하면 번갈아가며 한 번씩 공을 차서 어느 모둠이 깡통을
더 많이 맞히는지 겨루어봅시다.

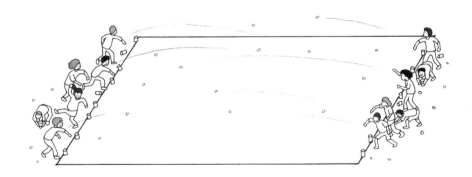

발야구

준비물: 축구공(럭비공 또는 고무공)   **인원수:** 10~20명

베이스 사이의 간격은 10m 정도가 적당하며 야구장과 같이 다이아몬드를 그립니다. 두 모둠으로 나누고 공수를 정합니다. 투수가 축구공을 땅으로 굴리면 홈베이스에 있는 1번 선수가 발로 공을 찹니다. 찬 공이 옆선을 넘어가 떨어지면 파울이 되고, 다이아몬드 안으로 떨어지면 공을 찬 선수는 베이스를 향해 달려갑니다. 이때 수비수가 날아오는 공을 직접 받은 경우, 공을 잡아 베이스에 도착하기 전 공으로 주자를 치거나 던져서 맞히는 경우, 주자보다 베이스를 밟고 있는 어린이가 공을 먼저 받는 경우 아웃이 됩니다. 이 밖에 찬 공이 3번 연속 파울이 되면 아웃이 되고, 쓰리아웃이면 공격과 수비를 바꿉니다. 쓰리아웃 전에 2, 3루를 돌아 홈베이스로 돌아온 사람의 수만큼 점수가 됩니다. 축구공 대신 럭비공이나 고무공을 사용하면 더 재미있으며, 횟수는 6~9이닝 정도가 적당합니다.

5-015

소꿉 축구

준비물: 축구공　**인원수:** 10~20명

두 모둠으로 나누어 금지구역을 하나씩 차지합니다. 공을 놀이터 중앙에 놓고 시작하면 각 모둠에서 1, 2번 어린이들이 달려들어 공을 차 상대방의 금지구역을 통과하도록 합니다. 상대편 금지구역으로 공을 통과시킨 모둠은 2점을 얻게 되며, 어깨 위로 공이 날아가면 무효가 됩니다. 점수가 나면 선수들은 공을 놀이터 중앙에 놓아두고 제자리로 돌아갑니다.

　지도자는 어린이 수를 마음대로 정할 수 있습니다. 금지구역에 있는 어린이들은 공을 손으로 잡거나 발로 차서 금지구역을 통과하지 못하도록 방어할 수 있으나, 금지구역을 이탈할 수는 없습니다. 놀이터 안에 들어가 있는 어린이들은 손을 사용할 수 없으며, 공이 옆줄 밖으로 나가면 공을 내보낸 어린이의 반대편 어린이가 공이 통과한 지점에 공을 놓고 다시 시작합니다. 점수가 날 때까지 계속하며, 지도자는 다시 다른 선수를 부릅니다. 놀이터 안의 어린이가 손으로 공을 잡은 경우, 금지구역 안의 어린이가 구역을 이탈한 경우, 공을 어깨 높이 이상으로 차는 경우 반칙이 됩니다. 반칙을 범하게 되면 상대 모둠에게 1점이 돌아가고 공격권도 주어집니다.

배구식 배드민턴

준비물: 배드민턴 채(인원수만큼), 배드민턴 셔틀콕, 네트   **인원수:** 6~10명

두 모둠으로 나누어 네트의 높이가 1.5m 정도 되는 배드민턴 코트로 들어갑니다. 한쪽 어린이가 뒷줄 밖에서 아래서 위로 치는 언더서브를 하는데, 단한 번만 할 수 있으며 실패하게 되면 서브권이 넘어갑니다. 친 공(셔틀콕)이 네트 상단에 맞아 상대편 진영에 떨어진 경우에는 다시 할 수 있습니다. 서브한 공을 받으면 배드민턴 채로 공을 받아 자기편에게 연결해줄 수 있는데,

3회 안에 네트를 넘겨야 합니다. 공격에 성공하게 되면 배구와 마찬가지로 자리를 시계 방향으로 이동하여 순번대로 서브를 합니다. 채점은 서브한 편이 공격에 성공하면 1득점하게 되고, 수비한 편이 공격에 성공하면 서브권만 가져오게 됩니다. 이 놀이는 전후반 각 10~15분으로 정하여 하는 방법과, 10점을 먼저 득점한 편이 1세트를 얻는 방식으로 2~3세트를 먼저 얻는 쪽이 승리하는 것으로 승부를 가릴 수 있습니다.

꼬마 야구

준비물: 소프트볼, 야구방망이   **인원수:** 16~20명

두 모둠으로 나누고 공격과 수비를 정합니다. 운동장에는 홈베이스와 한 변이 긴 직사각형으로 된 1루를 만듭니다. 수비 모둠은 투수, 포수, 1루수, 그리고 나머지 어린이들은 야수가 됩니다. 타자가 공을 치고 달려서 1루에 머무를 수 있고 가능하면 곧바로 돌아서 홈베이스로 돌아올 수 있습니다. 성공하면 1점을 득점하게 되는데, 이 놀이에서는 파울이 없으므로 야구방망이에 맞은 공이면 모두 유효합니다. 타자가 공을 쳤을 때 정식 야구와는 달리 1루에 머물고 있는 주자는 홈으로 들어오기 여의치 않을 경우 그대로 1루에 머룰 수 있습니다. 주자는 홈으로 스틸을 할 수 없기 때문에 타석에 들어선 주자가 공을 쳤을 때만 달릴 수 있습니다. 따라서 수비수가 공을 잡으면 1루에 있는 주자(주자들)는 1루로 다시 돌아가야 합니다. 타자가 아웃이 되는 경우는 다음과 같습니다. 첫째는 스트라이크 아웃, 둘째는 수비수가 공중 볼을 잡았을 때, 셋째는 공을 잡은 수비수가 주자보다 베이스를 먼저 밟았을 때, 넷째는 베이스를 홈쳤을 때, 다섯째는 달리는 타자를 공을 잡은 수비수가 쳤을 때, 여섯째는 야구방망이를 던졌을 때입니다.

배구공 야구

준비물: 배구공 **인원수:** 16~20명

두 모둠으로 나누고 공수를 정합니다. 홈베이스에서 적당한 거리에 1루 베이스를 만들고, 공격 모둠 1번 선수가 공을 손으로 치면서 1루로 달려갑니다. 이때 1루를 밟고 곧바로 홈베이스로 돌아올 수 있는데 무사히 돌아오면 1점을 얻게 됩니다. 수비수가 공중에서 직접 공을 받거나, 수비수가 공을 잡은 그 자리에서 공을 던져 달리는 선수를 맞추면 아웃이 됩니다(수비수끼리는 공을 주고받을 수 있습니다). 쓰리아웃이 되면 공격과 수비를 바꾸도록 하며 야구와 같이 회수를 정하여 그동안 득점을 많이 한 모둠이 승리하게 됩니다.

애야, 어디 있니?

준비물: 눈가리개(모둠수만큼) **인원수:** 10~30명

두 모둠이 10m의 거리를 두고 마주보고 앉습니다. 모둠원들은 각자 고유번호를 한 개씩 정하고 모둠별로 눈가리개를 하나씩 가집니다. 지도자는 가운데 지점에 조그마한 물건을 놓아두고 번호를 부릅니다. 그러면 그 번호에 해당하는 사람들은 눈가리개를 하고 그 자리에서 세 바퀴 돈 다음 친구들이 크

게 소리쳐 알려주는 대로 더듬더듬 기어가 그 물건을 찾아 제 위치로 돌아옵니다. 그런데 이것으로 끝나는 것이 아닙니다. 물건을 놓친 상대 모둠 어린이가 물건을 찾아 제자리로 돌아가는 어린이를 따라잡아 손으로 치면 물건을 빼앗기게 됩니다.

이 놀이는 네 모둠이 함께할 수 있는데 정사각형을 그리고 각 모둠이 한 면씩 차지하면 됩니다.

새 사냥

인원수: 15~20명

어린이들은 수풀 지역의 선 밖에 정렬합니다. 어린이들은 각자 새 이름을 한 가지씩 정하는데 겹치지 않아야 하고 지도자가 이를 정해줄 수 있습니다. 새 사냥꾼인 술래는 숲과 둥지 사이에 서 있어 "뻐꾸기가 난다!(예)" 하고 외치면 뻐꾸기인 어린이는 술래를 피하여 둥지로 쏜살같이 달려가야 합니다. 둥지 안으로 들어가기 전에 붙잡힌 어린이는 새장으로 보내집니다.

술래가 새들의 이름을 몇 번 부르다가 "새들이 난다!" 하고 외칠 수 있는데 이때 숲 속에 남아 있는 모든 어린이들이 둥지로 달려갑니다. 모든 어린이들이 숲을 떠나게 되면 술래는 둥우리에 안전히 도달한 어린이 중에 새 술래를 한 사람 정합니다.

붉은 해적단

인원수: 8~10명

어린이들은 선 밖에 서 있고 술래가 놀이터 중앙에 서 있습니다. 술래는 "붉은 해적단, 붉은 해적단, ○○를 즉시 보내라!" 하며 한 친구의 이름을 부릅니다. 호명된 어린이는 즉시 반대편 선으로 달려가야 하는데 이때 술래는 그 어린이를 쫓아가서 잡습니다. 이렇게 하여 잡힌 어린이는 감옥에 갇히게 됩니다. 술래가 다시 다른 친구의 이름을 부르고 그 어린이를 잡습니다. 세 번째 친구의 이름을 부를 때 술래는 반드시 "붉은 해적단, 붉은 해적단, 전원 집합!" 하고 외쳐야 하는데, 이때 나머지 어린이들은 모두 있던 자리에서 떠나 반대편 선 밖으로 도망칩니다. 술래는 이때에도 당연히 친구들을 잡습니다. 붙잡힌 어린이들은 모두 감옥에 갇히게 되며 잡힌 사람의 수가 바로 그 술래의 점수가 됩니다. 잡히지 않은 어린이 중에 술래가 되어서 처음부터 다시 해봅시다.

야수 선택

준비물: 소프트볼, 배구공, 축구공, 럭비공, 핸드볼공 등　　**인원수:** 14~20명

두 모둠으로 나누어 공수를 정합니다. 놀이터는 야구장인 경우 그대로 사용할 수 있으며, 수비 모둠 사람들은 운동장으로 나가 수비 태세를 갖춥니다. 시작이 되면 공격 모둠은 순서에 따라 한 사람씩 홈베이스로 나와 공격을 합니다. 이때 타자는 야구에서처럼 야구방망이로 투수가 던지는 공을 맞

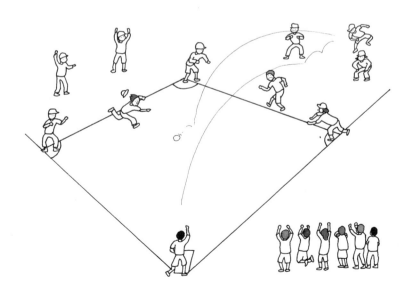

추는 것이 아니라, 준비해둔 여러 가지 종류의 공들(소프트볼, 축구공, 배구공, 핸드볼공, 농구공 등) 중에서 한 가지를 골라 홈베이스에 던집니다. 공을 던진 사람은 1루, 2루, 3루를 돌아 홈베이스까지 계속 쉬지 말고 달려야 하며 잡히지 않고 무사히 홈베이스를 밟으면 1득점을 하게 됩니다.

　다음의 경우는 아웃이 됩니다. 첫째는 공격 모둠 선수가 던져 날아오는 공을 잡은 경우, 둘째는 주자가 베이스를 밟기 전에 베이스를 지키는 수비수에게 공이 먼저 간 경우입니다. 이때 공은 반드시 1루, 2루, 3루의 순서로 송구되어야 하고, 1루를 거치지 않고 2루 또는 3루 수비수로 던질 수 없습니다. 셋째는 공이 파울이 되는 경우, 넷째는 주자가 베이스를 밟지 않고 달리는 경우입니다. 쓰리아웃이 되면 공수 교대하고 나머지는 정식 야구 규칙을 따릅니다.

5-023

붉은 여우

인원수: 15~20명

술래는 원 밖에 서 있는 어린이들을 일일이 손으로 치면서 "붉은 여우"라고 조용히 말하며 돌아다닙니다. 그러다가 술래가 한 어린이를 치면서 "흰여우" 하고 외치면 그 어린이는 술래를 잡으러 달려가고 술래는 재빨리 도망칩니다. 술래는 원을 한 바퀴 돌아 빈자리로 돌아와야 하는데 그전에 잡히면 다시 술래를 해야 하고, 쫓아간 어린이가 술래를 잡지 못하면 다시 술래가 됩니다. 수건돌리기와 비슷한 놀이입니다.

배구공 맞혀 굴리기

준비물: 배구공, 고무공(인원수만큼)   **인원수:** 10~20명

땅바닥에 선을 그리고 운동장 가운데에 배구공을 놓아둡니다. 두 모둠은 각자 자기 끝줄에 정렬하고 작은 고무공을 하나씩 가집니다. 시작이 되면 공을 던져 배구공을 맞히도록 하는데 맞힌 배구공이 굴러가 상대방의 중앙선을 넘으면 1점을 얻게 됩니다. 이렇게 하여 누가 10점을 먼저 얻는지 가려봅시다. 이때도 공을 줍기 위해 끝줄 안으로 들어가는 것은 반칙입니다. 인원수가 많으면 배구공을 2, 3개 사용할 수 있습니다.

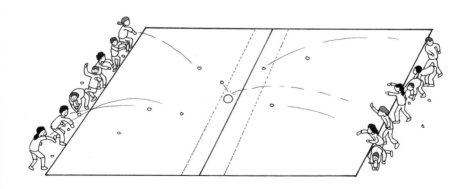

동네 축구

준비물: 축구공　**인원수:** 4~12명

12~15m 간격으로 평행선을 긋고 두 모둠으로 나누어 양 진영에 정렬하고 놀이터 중앙에 축구공을 놓아둡니다. 각 모둠 어린이들은 순서대로 번호를 정하고 자기 번호를 기억해 둡니다. 지도자는 놀이터 중간지점 밖에 서 있다가 번호를 부르면 그 번호에 해당되는 어린이는 축구공이 있는 중앙지점으

로 달려가 서로 공을 차지하려고 몸싸움을 하면서 자기 모둠으로 드리블하여 갑니다. 이때 자기 모둠을 향하여 한 번에 공을 차면 안 됩니다. 이때 두 어린이 외에 다른 어린이들은 선 안으로 들어갈 수 없습니다. 손으로 공을 잡는 것, 무릎 위로 공을 차는 것은 반칙이며, 반칙을 하게 되면 상대 모둠이 1점을 얻게 됩니다. 지도자는 간혹 2~3개의 번호를 동시에 부를 수도 있습니다. 그러면 훨씬 더 요란해지겠지요.

눈싸움

준비물: 신문지　**인원수:** 20~30명

두 모둠이 각자 자기 진영으로 들어가면 헌신문지를 충분히 나누어주고 5분 동안 신문지를 뭉쳐 눈송이를 만들도록 합니다. 시작이 되면 눈송이(종이 뭉치)로 상대 모둠 어린이들을 맞힙니다. 지도자는 적당한 시기에 중지시키고 어느 모둠 진영이 종이 뭉치가 적게 널려 있는지 알아봅시다. 종이에 위험한 물건을 집어넣지 않도록 주의시키고 안경 쓴 사람이 다치지 않도록 조심하

세요. 마지막에는 규격이 같은 크기의 비닐봉지에 누가 더 많이 눈송이를 채우는지 겨루어보세요.

이 방법 외에 각 모둠의 끝줄에 놓인 의자에 음료수 페트병을 놓아두고 눈송이를 던져 상대방의 페트병을 맞히면서 즐길 수도 있습니다.

5-027

소꿉 럭비

준비물: 축구공   **인원수:** 10~20명

두 모둠으로 나누고 60~70m 간격으로 그어놓은 평행선을 하나씩 차지하고 정렬합니다. 먼저 공격하는 모둠을 정하고 그중에 한 어린이가 공을 공중에서 차는데 경계선을 넘어서는 안 됩니다. 찬 공을 수비 모둠 어린이들이 잡으면, 공을 잡은 어린이는 두 걸음 앞으로 전진하여 상대편 경계선을 넘도록 공을 다시 힘껏 찹니다. 경계선을 넘어서 공이 땅에 떨어지면 1점을 얻게 되고, 상대편 어린이 중 하나가 공을 잡으면 무효가 됩니다. 공이 옆줄 밖으로 나가면 그 자리에서 공을 찹니다. 득점을 한 모둠은 공을 가져가서 같은 방법으로 계속합니다. 일정 시간 내에 얻은 점수를 비교하는 것과 미리 정한 점수를 먼저 얻은 모둠으로 승부를 가립니다.

실내에서
즐기는 놀이

사탕 줍기

준비물: 눈가리개(인원수만큼), 사탕(충분히)　**인원수:** 10~20명

어린이들은 모두 눈가리개를 하고 방안에 흩어져 서 있습니다. 인원수의 3배 정도 되는 사탕을 방바닥에 조심조심 흩어놓습니다. 시작이 되면 어린 이들은 방바닥을 더듬어 사탕을 줍도록 합니다. 2~3분 정도 시간을 준 다음 누가 사탕을 가장 많이 줍는지 알아봅시다. 사탕 대신에 바둑알이나 더 작은 콩알을 이용할 수 있습니다.

이 놀이는 모둠 대항으로 즐길 수 있습니다. 단순히 사탕을 줍는 것이 아니라 사탕 색깔에 따라 점수를 달리하여 점수를 계산하면 더욱 흥미진진합니다.

주의할 점　규칙이 지켜지지 않는 놀이는 이미 놀이로서의 의미를 상실한 것입니다. 이런 점에서 이 놀이는 놀이하는 어린이들이 규칙의 의미를 깨닫도록 할 수 있는 소중한 계기가 됩니다. 안타깝게도 1등을 하기 위해 눈가리개를 살짝 올리고 풍선을 터뜨리거나 손톱으로 풍선을 꼬집어 터뜨리는 어린이들이 있을 수 있습니다. 지도자는 풍선을 터트린 어린이를 가려 내어 꾸짖기보다는 다음과 같은 말로 놀이하는 마음가짐에 대해 어린이들이 생각해 볼 수 있도록 정리해 주어야 할 것입니다.

"어린이 여러분, 만약 1등한 어린이가 거짓말을 해서, 또 규칙을 어겨서 1등을 했다면 그 1등이 무슨 의미가 있을까요? 규칙을 어길 때 그 놀이는 이미 놀이가 아닐 것입니다. 자신을 속이는 그런 어린이는 참된 기쁨이나 보람을 가질 수 없습니다. 규칙을 소중히 여겨 이를 잘 지키는 마음이 우리에게 필요합니다."

5-029

테이프 전쟁

준비물: 종이테이프　**인원수:** 20~30명

두 모둠으로 나누고 서로 마주보고 섭니다. 길이 10cm 정도로 종이테이프를 잘라 1인당 2개씩 나누어주고 몸 앞뒤에 붙이도록 합니다. 단 테이프를 엉덩이 아래에 붙여서는 안 됩니다. 시작이 되면 상대 모둠에게 달려들어 상대편 어린이의 몸에 붙어 있는 테이프를 떼어 자기 몸에 붙이도록 하는데, 빼앗은 테이프를 손에 들고 있는 것은 반칙입니다. 3분 정도 시간이 지난 다음 놀이를 중단하고 몸에 붙어 있는 테이프 수를 세어 승부를 가려봅시다.

애꾸눈 풍선사냥

준비물: 풍선(인원수만큼), 눈가리개　　**인원수:** 20~30명

이 놀이는 한쪽 눈을 가리고 풍선을 발로 터뜨리는 놀이입니다. 모둠별로 각
각 다른 색깔의 풍선을 나누어주고 크게 불어서 묶도록 합니다. 시작이 되면
어린이들은 들고 있는 풍선을 허공에 던지는데, 일단 손에서 풍선이 떠난 다
음에는 손을 일체 사용할 수 없습니다. 따라서 자기 모둠의 풍선은 발로 차
올려 하늘에 떠 있도록 하고, 다른 모둠의 풍선은 발로 밟아서 터뜨립니다.
문제는 한쪽 눈이 가려져 있다는 것입니다. 3~4분 정도 시간을 주고 어느 모
둠이 풍선을 가장 많이 지켰는지 알아
보세요. 풍선을 발로 밟는 대신
엉덩이로 깔아뭉개서 풍선을
터뜨리도록 할 수 있습니다.

내 다리는 어디에

준비물: 눈가리개(인원수만큼)   **인원수:** 20~30명

참가자들이 앉은 순서대로 1에서 4번을 반복하여 부르도록 하여 네 모둠을 만듭니다. 그런 다음 1번 모둠 어린이들은 왼쪽 바지를 무릎까지 거두어 올리도록 하고, 2번 모둠은 오른쪽 바지를 거두어 올리고, 3번 모둠은 왼쪽 양말을 벗고, 4번 모둠은 오른쪽 양말을 벗도록 합니다. 그런 다음 눈가리개를 하도록 합니다. 시작이 되면 어린이들은 조심스럽게 기어 다니면서 다른 사람들의 발을 더듬으며 자기 모둠 친구들을 찾아다닙니다. 같은 모둠 사람끼리 만나게 되면 서로 손을 붙잡고 다니도록 합니다.

단어 만들기

준비물: 알파벳을 적은 카드(모둠당 1세트)　**모둠 형태:** 10~15명씩 여러 모둠을 구성

인원수: 20~60명

각 모둠에게 자모를 한 세트씩 나누어 줍니다. 인원수에 따라 한 어린이가 2~3개의 자음과 모음을 가지게 됩니다. 지도자가 한 가지 단어를 큰 소리로 외치면 각 모둠은 그 단어를 구성하는 자음과 모음을 가진 사람들이 뛰어나와 단어를 만들도록 합니다. 이때 어린이들은 자기가 가진 자모 카드만 사용할 수 있고, 다른 사람의 자모 카드를 대신하여 가지고 나갈 수 없습니다. 이렇게 하여 단어를 가장 먼저 만든 모둠이 이깁니다. 이와 같은 방법으로 여러 번 반복하면서 즐겨보세요.

앗싸!

준비물: 필기도구(인원수만큼) **인원수:** 30~40명

모임에 참석한 모든 사람들에게 적당한 크기의 쪽지(가로, 세로 각 5개씩, 총 25개의 칸이 그려진 종이)와 연필을 한 개씩 나누어주십시오. 지도자는 사람들이 가운데 칸에 자신의 이름을 쓰도록 한 다음, 시작 신호와 함께 돌아다니면서 다른 사람들로부터 한 칸에 한 개의 친필 사인을 받도록 합니다. 어린이들이 모두 마치면 자리에 돌아가서 앉도록 합니다. 지도자가 아무나 지적하면 그 어린이는 자리에서 일어나 자신의 이름을 소개합니다. 이때 사람들은 그 사람의 이름을 찾아 해당 칸에 표시를 해두세요. 이렇게 하여 가로, 세로, 대각선으로 다섯 사람을 직선으로 만든 어린이는 "앗싸!" 하고 크게 외치며 손을 흔듭니다. 이 여는 놀이는 25명 이상의 집단에서 사용할 수 있습니다. 이름 대신 별명을 기록할 수도 있습니다.

끼리끼리

준비물: 눈가리개(인원수만큼)   **인원수:** 20~40명

순식간에 모둠을 나눌 수 있는 놀이를 소개합니다. 둥글게 둘러선 어린이들에게 1부터 6번을 반복하도록 합니다. 예를 들어서 1번 어린이들에게 "학교 종이 땡땡땡", 2번 어린이들에게는 "산토끼", 3번은 "애국가", 4번은 "앞으로", 5번은 "아빠 힘 내세요", 6번은 "둥글게 둥글게"와 같이 누구나 알고 있는 노래를 하나씩 정해줍니다. 자! 이젠 눈 깜짝할 새에 아수라장이 될 것입니다. 지도자는 어린이들에게 눈가리개를 하도록 하고 시작이 되면 큰 목소리로 노래를 부르고 돌아다니면서 같은 노래를 부르는 어린이들을 찾아 손을 잡고 모이도록 합니다. 목이 터져라 외쳐야 친구들을 찾을 수가 있습니다.

5-035

미친 말

인원수: 20~40명

두 어린이가 술래가 되어 사슴과 호랑이가 됩니다. 나머지 어린이들은 세 명
씩 짝을 지어 앞 사람의 어깨를 붙잡고 서서 미친 말이 됩니다. 시작이 되면
호랑이는 사슴을 잡으려고 뛰어다니고 사슴은 도망칩니다. 사슴은 도망치
다가 잡힐 것 같으면 미친 말의 꼬리(세 어린이 중 마지막 사람)를 잡습니다. 그렇다고
미친 말은 가만히 있어서는 안 됩니다. 사슴에게 꼬리를 잡히지 않도록 방해
를 해야 하지만 결국 잡히면, 그 순간 말 머리(맨 앞쪽 사람)가 사슴이 되어서 호랑
이를 피해 도망쳐야 하지요. 물론 호랑이가 사슴을 잡으면 역할을 바꾸어서
하면 됩니다.

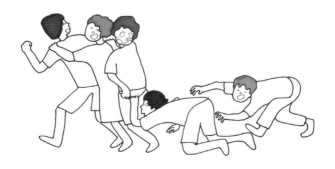

신발 훔치기

준비물: 눈가리개　**인원수:** 10~15명

술래가 직경 1.5m 되는 원(술래 집) 안으로 들어가 눈가리개를 합니다. 나머지 어린이들은 신발을 한 쪽씩 벗어서 원 안에 집어넣습니다. 시작이 되면 술래는 원 안의 신발을 지키고 어린이들은 앙감질로 원 밖을 다니면서 자기 신발을 뺏어와야 합니다. 이때 다른 친구들의 신발도 꺼내줄 수 있습니다. 자기의 신발을 찾은 어린이는 신발을 신고 두 발로 편하게 걸어 다닐 수 있습니다. 신발을 훔쳐 내다가 원을 밟거나, 술래에게 치이면 잡혀서 술래와 역할을 바꾸어 다시 합니다. 또 술래가 다른 어린이들이 신발을 모두 훔쳐 갈 때까지 아무도 붙잡지 못하면 다음 판에도 계속해서 술래가 됩니다.

사냥꾼과 개

준비물: 땅콩, 편지봉투   **인원수:** 10~20명

2인 1조가 되어 각각 '사냥꾼'과 '사냥개'가 됩니다. 사냥개는 방 안 구석구석에 미리 감추어둔 땅콩을 찾아다니는데, 땅콩을 찾게 되면 "멍멍" 하고 크게 짖어 사냥꾼을 부릅니다. 이때 사냥개는 땅콩을 만질 수 없습니다. 땅콩을 발견하더라도 먼저 달려든 사냥꾼의 차지가 됩니다. 사냥꾼은 편지봉투에 땅콩을 수집하며 땅콩을 줍는 시간 외에는 지정된 장소에서 대기하고 있어야 합니다.

방울뱀과 땅꾼

준비물: 물컵, 숟가락, 눈가리개   **인원수:** 15~30명

둥글게 둘러앉은 원 안에 두 어린이가 들어가 방울뱀과 땅꾼이 되는데, 땅꾼
은 눈을 가립니다. 시작이 되면 땅꾼은 방울뱀을 잡는데 방울뱀은 숟가락을
넣은 물컵을 들고 계속 흔들면서 도망칩니다. 방울뱀과 땅꾼을 바꾸어가며
계속해 보세요.

5-039

종이공 농구

준비물: 휴지통, 신문지 **인원수:** 10~20명

휴지통을 방 가운데 놓고 종이 뭉치와 종이 몽둥이를 몇 개 만들어 놓습니다. 공격 모둠은 휴지통에서 3m 정도 떨어진 선 밖에 서서 종이 뭉치를 휴지통에 던지면 수비 모둠은 휴지통에 들어가지 못하도록 종이 몽둥이로 공을 쳐냅니다. 공격 시간은 2분이며 공격과 수비를 교대로 진행하고, 어느 모둠이 휴지통에 종이 뭉치를 더 많이 넣는지 승부를 겨루어봅시다.

정말 약 오르네요

준비물: 도넛(인원수만큼), 막대기 2개씩(모둠당)　　**인원수:** 10~30명

모둠별로 출발선에 정렬하고 각 모둠에서 한 사람씩 반환점으로 가서 드러 눕습니다. 첫 번째 주자는 도넛을 매단 낚싯대(길이와 줄 각 1m)를 들고 있습니다. 시작이 되면 반환점에 누워 있는 사람들에게 달려가 도넛을 입에 집어 넣어 줍니다. 도넛을 누워 있는 사람 입에 넣어주는 것이 생각처럼 쉽지가 않습니다. 성공하면 주자는 반환점에 눕고 도넛을 먹은 어린이가 빈 낚싯대를 들고 출발선에 돌아와 두 번째 주자에게 인계합니다. 모둠당 낚싯대를 2개씩 준비해두면 좋습니다.

5-041

물건 사냥

인원수: 15~30개

원대형으로 둘러서서 각자 주머니에 들어 있는 물건을 한 가지씩 꺼내어 원 중앙에 모아 놓습니다(지도자가 물건들을 미리 준비해 놓을 수 있습니다). 지도자는 그 물건 중에서 한 가지를 **빼낸** 다음 사람들은 신 나게 노래를 부르면서 원을 돕니다. 그러다가 지도자가 갑자기 "잡아라!" 하고 외치면 어린이들은 원 중앙으로 달려가 물건을 한 개씩 줍습니다. 사람 수보다 물건이 하나 적으므로 물건을 줍지 못한 어린이는 잠시 쉬도록 합니다. 물건을 한두 개씩 계속 **빼**내면서 같은 방법으로 진행해보세요.

종이 뒤집기

준비물: 앞뒷면 색깔이 다른 색종이 **인원수:** 10~20명

앞과 뒤의 색깔이 다른 색종이를 바닥에 골고루 흩어놓습니다. 모둠별로 색종이의 색깔을 정한 후, 시작하면 널려 있는 종이를 자기 모둠의 색깔이 보이도록 뒤집어 놓습니다. 일정 시간이 지나면 색깔별로 숫자를 세어 어느 모둠의 색깔이 많은지 세어봅시다.

5-043

팔짱 끼기

인원수: 20~30명

술래 두 사람을 제외한 나머지 사람들은 두 사람씩 짝을 이루어 한 손은 팔짱 끼고 나머지 바깥쪽 손은 자기의 엉덩이에 대고 서 있도록 합니다. 시작이 되면 술래 〈가〉는 도망가는 술래 〈나〉를 쫓아가서 잡아야 하는데, 술래 〈나〉가 도망치다가 위급한 사항이 되면 팔짱을 끼고 있는 짝들 중에서 한 사람 〈다〉의 팔(엉덩이에 대고 있는)에 팔짱을 낍니다. 그러면 그와 팔짱을 끼고 있던 다른 사람 〈라〉(〈다〉의 짝)는 급히 팔짱을 풀고 도망쳐야 합니다. 그러면 이번에

는 술래 〈가〉가 술래 〈다〉를 쫓아가서 잡아야 하지요. 이렇게 하여 잡힌 사람은 술래 〈가〉의 역할을 하고, 술래 〈가〉는 도망치는 사람이 되어 계속합니다.

고깔 모자

준비물: 고깔모자와 공 또는 풍선(인원수만큼)　**인원수:** 10~30명

각 모둠의 맨 앞 사람들에게 끝에 구멍이 난 고깔모자와 공을 하나씩 나누어 주세요. 시작이 되면 고깔을 얼굴에 파묻고 고깔 끝에 난 구멍을 통하여 공을 보고 발로 조심조심 차면서 반환점을 돌아옵니다. 이렇게 마지막 사람까지 이어서 합니다. 시야가 좁아 공을 따라가기가 힘들고, 때로는 남의 공을 자기 공으로 착각하기도 합니다.

새털 축구

준비물: 새 깃털 **인원수:** 4~8명

시작하면 어린이들은 방 중앙에 놓여 있는 탁구공 또는 새털을 입으로 힘차게 숨을 내쉬어 결승선까지 몰고 갑니다. 탁구공(새털)이 결승선을 넘으면 1점을 얻게 됩니다. 손은 사용할 수 없으며 한 모둠에 2~4명이 적당합니다.

5-046

바둑이와 고양이

준비물: 머리가 충분히 들어갈만 한 크기의 종이봉투(인원수만큼) **인원수:** 20∼30명

두 모둠으로 나누고 머리가 들어갈 만큼 큰 종이봉투를 한 개씩 나누어줍니다. 방 양쪽에 출발선을 긋고 양쪽에서 마주보게 정렬한 다음, 크레파스로 바둑이와 고양이라고 적은 종이봉투를 뒤집어씁니다. 바둑이와 고양이를 구별할 수 있도록 바둑이 모둠은 오른쪽 팔목에 수건을 매고 고양이 모둠은 왼쪽 팔목에 수건을 맵니다. 시작하면 조용히 상대 진영으로 기어가다가 서로 마주치게 되면 팔을 더듬어보고 상대 모둠이면 봉투를 잽싸게 벗겨냅니다. 상대 모둠 구역에 도달하여 상대방 봉투를 많이 빼앗은 모둠이 이깁니다.

물물교환

준비물: 날카롭지 않은 작은 물건들, 방석(인원수만큼)   **인원수:** 15~30명

술래가 원 중앙으로 들어가고 모두 둥글게 둘러앉습니다. 참가자 수에 따라 날카롭지 않은 물건(예: 스푼, 책, 탁구공, 지우개, 열쇠 등)들을 5~10개를 나누어줍니다. 시작이 되면 함께 노래를 부르면서 물건을 계속 옆 사람에게 넘겨주도록 합니다. 술래가 "튀어라!" 하고 외치면 물건을 가진 어린이들은 자리에서 빨리 일어나 다른 자리로 바꾸어 앉아야 합니다. 이때 술래도 빈자리를 찾아서 앉습니다. 이렇게 하여 자리를 차지하지 못한 사람이 술래가 됩니다.

이름 대기

인원수: 10~40명

모둠별로 모여 앉은 자리에서 지도자가 물고기, 새, 포유동물, 식물, 곤충 가운데 하나를 말하고 14가지 자음 중에 하나를 말하면, 참가자들은 그에 해당하는 이름을 빨리 찾아내서 외치도록 합니다. 예를 들어 지도자가 "곤충에 ㄴ" 하고 말하면, 'ㄴ'자로 시작하는 곤충 이름을 빨래 생각해 내야 합니다. 정답은 '노린재', '나비', 또는 '누에' 등이 있지요. 이렇게 하여 정답을 댄 어린이의 모둠이 1점을 얻게 됩니다. 여러 번 하여 어느 모둠이 가장 많은 점수를 얻는지 겨루어보세요.

거꾸로 말하기

인원수: 제한 없음

2~4명을 불러놓고 지도자가 부르는 단어나 간단한 문장을 거꾸로 빨리 읽도록 합니다. 예를 들어서 "아수라장" 하면 "장라수아" 하고 말해야겠지요. 먼저 말한 사람을 들여보내고 계속 진행하는데, 단어는 8자 이내가 적당합니다.

5-050

시한폭탄

준비물: 자명종 시계, 눈가리개(인원수만큼)　　**인원수:** 10~20명

어린이들이 모두 눈가리개를 하고 있고 지도자는 준비해놓은 자명종 시계를 5분 후에 알람이 울리도록 설정해놓고 은밀한 곳에 감추어둡니다. 이때 쓰레기통, 책, 바구니, 옷가지 등을 방바닥에 흩어놓으면 훌륭한 은폐물이 됩니다. 시작이 되면 어린이들은 절대로 말을 해서는 안 되며 조심조심, 살금살금 돌아다니면서 시계 소리를 따라 찾아다닙니다. 이렇게 하여 시계를 찾은 사람은 조용히 눈가리개를 벗고 적당한 자리로 가서 앉아 있습니다. 3분이 지나면 시계는 "따르릉" 하고 울리면서 폭발하게 됩니다.

동물들의 행진

인원수: 10~30명

출발선에서 **10m** 떨어진 곳에 반환선을 긋습니다. 시작이 되면 각 모둠의 첫 번째 사람들은 쪼그리고 앉은 상태에서 양손으로 무릎에 손을 얹고 토끼뜀을 하여 반환선을 돌아옵니다. 교대하여 같은 방식으로 맨 마지막 사람까지 하여 어느 모둠이 가장 빨리 마치는지 겨루어봅시다. 토끼뜀 외에도 여러 가지 방법으로 경주를 할 수 있습니다. 예를 들어서 곰(양손을 땅에 대고 기어갑니다), 오리(두 손으로 양쪽 귀를 잡고 쪼그린 채 걷습니다), 캥거루(무릎 사이에 공을 끼우고 걷습니다) 등 다양하게 즐길 수 있습니다.

5-052

상점 차리기

인원수: 6~20명

2~3명씩 조를 만들고 조별로 '채소 가게', '가전제품 가게', '철물점', '제과점', '꽃 가게' 등 가게 이름을 한 가지씩 정해줍니다. 그리고 가게별로 상품들을 8~10가지씩 같은 숫자의 상품을 적은 작은 쪽지들을 모임 장소 주변에 숨겨둡니다. 시작이 되면 어린이들은 모임 장소를 구석구석 뒤지면서 자기 가게의 상품(쪽지)을 찾아내도록 합니다. 쪽지를 찾다가 다른 모둠의 쪽지를 찾으면 모른 척하고 지나치도록 하십시오. 그렇다고 다른 조의 쪽지를 없애버리거나 다른 곳으로 옮겨놓아서는 안 됩니다. 인원수가 적을 경우에는 개인별로 해도 좋습니다.

공주 구출작전

준비물: 인형 2~3개   **인원수:** 10명 내외

술래가 공주를 납치해 간 거인이 됩니다. 술래(거인)는 직경 5~6m 정도 되는 원 중앙에 드러눕고, 그 옆에는 작은 공주 인형 2~3개를 놓아둡니다. 시작이 되면 어린이들은 공주를 구출하기 위해 거인 집으로 살금살금 다가갑니다. 거인은 자는 척하고 있다가 공주(인형)를 집어 도망가는 어린이를 손으로 쳐서 잡고, 어린이들은 원 밖으로 도망칩니다. 이렇게 하다가 거인에게 잡힌 어린이가 새 술래가 됩니다.

단추 풀고 꿰기

준비물: 같은 수의 단추가 있는 상의(모둠 수만큼)　　**인원수:** 10~30명

각 모둠에서 한 사람씩 나와 반환점에 서는데, 이때 이 사람들은 반드시 같은 수의 단추가 달린 상의를 입도록 합니다. 시작하면 첫 번째 사람부터 반환점에 서 있는 사람에게 달려가 단추를 모두 풀고 다시 출발점에 돌아와 다음 사람과 교대합니다. 두 번째 사람은 이번에는 풀린 단추를 다시 꿰고 돌아옵니다. 이런 방식으로 가장 먼저 마치고 돌아온 모둠이 이기는 놀이입니다.

무슨 소리일까요

준비물: 소리 나는 물건 10가지   **인원수:** 10~30명

모둠별로 앉도록 합니다. 지도자가 커튼 뒤로 들어가서 소리 나는 물건을 하나씩 들고 흔들거나 긁습니다. 그러면 어린이들은 커튼 뒤에서 나는 소리를 듣고 그 물건이 무엇인지 알아맞히는 것입니다. 이렇게 하여 어느 모둠이 더 많은 점수를 얻는지 겨루어봅시다.

5-056

사건 또 사건

인원수: 20~40명

실제로 겪은 일들을 소재로 하여 촌극을 재미있게 꾸며 보는 놀이입니다. 4~6명씩 여러 모둠을 구성하고 모둠별로 최근에 겪은 난감했던 일, 봉변당했던 일, 또는 엉뚱한 사건을 각각 한 가지씩 소개하는 시간을 갖도록 합니다(5분 정도). 그런 다음 지금까지 나눈 이야기들을 모두 엮어 재미있는 촌극을 꾸미도록 합니다. 서로 연관되지 않은 이야기들이기 때문에 난처하게 만들기도 하지만 이것을 가지고 머리를 맞대고 고민하는 과정에서 기발하고 기막힌 촌극이 나오게 됩니다. 촌극을 준비하는 시간은 20분에서 25분 정도가 적당합니다.

보물 훔치기

준비물: 손수건(또는 깡통)   **인원수:** 10~15명

술래가 도깨비가 되어 두 발을 적당히 벌리고 서서 발 사이에 손수건(또는 깡통)을 놓아둡니다. 손수건은 금은보화가 가득 들어 있는 보물상자입니다. 사람들은 도깨비 주위에 둘러서는데 도깨비의 손에 닿지 않도록 조심해야 합니다. 도깨비의 손에 닿은 즉시 그 사람은 꽁꽁 얼어붙어 놀이가 끝날 때까지 그 자리에 서 있어야 합니다. 사람들은 도깨비 발 아래 있는 보물상자를 훔쳐가기 위해 온갖 노력을 기울이고, 반대로 도깨비는 그 사람들을 모두 잡아들여야 안심이 됩니다. 도깨비는 한 발만 마음대로 움직일 수 있습니다. 이렇게 하여 시간이 갈수록 잡힌 사람은 많아지는 대신 살아 있는 사람들을 도깨비로부터 막아주는 방패가 되어주어 보물을 훔치는 데 도움이 됩니다.

풍선을 막아라

준비물: 풍선, 신문지   **인원수:** 10~20명

방 양쪽 벽 1.2m 높이에 신문지를 붙이고 신문지 아래에 의자 등받이를 벽에 닿게 놓아둡니다. 각 모둠에서 한 사람씩 앉아 신문지를 말아서 만든 종이 몽둥이를 들고 있습니다. 두 모둠은 풍선 색깔을 정하고 3~5개씩 풍선을 불어 묶습니다. 방 중앙선에 정렬하여 시작이 되면 손으로 풍선을 톡톡 쳐서

상대방 신문지로 접근합니다. 신문지 가까이 접근한 다음 손으로 세게 쳐서 풍선이 신문지를 맞히도록 합니다. 문지기는 날아오는 상대방의 풍선을 몽둥이로 쳐서 가로막습니다. 풍선이 신문지에 닿으면 1점을 얻습니다. 풍선이 터진 사람은 제자리로 돌아가 다시 풍선을 불어 전투장에 들어오십시오. 풍선은 손으로 잡을 수 없으나, 손으로 쳐서 막을 수 있습니다.

음식 만들기

준비물: 의자(인원수만큼)　**인원수:** 20~30명

둥글게 둘러서 의자(또는 방석)에 앉은 어린이들에게 1부터 6번까지 반복하여 번호를 부르도록 한 다음 1번은 고춧가루, 2번은 설탕, 3번은 마늘, 4번은 파, 5번은 생강, 6번은 참깨라고 정해 줍니다. 지도자가 원 중앙에 서서 입에 군침이 돌 정도로 재미있는 말로 요리를 합니다. 이때 양념 이름이 나오면 그에 해당되는 어린이들은 자리에서 일어나 지도자를 한 바퀴 돌아 제자리로 돌아갑니다. 가장 늦은 어린이는 벌점을 1점 얻게 되며 계속 반복합니다. 지도자는 어떤 때는 두, 세 가지 양념을 한꺼번에 말할 수도 있습니다. 그러다가 지도자가 "김치찌개"라고 외치면 이번에는 모든 어린이들이 앉은 의자에서 일어나 원을 가로질러 자리를 바꾸어 앉아야 합니다. 지도자가 식혜, 수정과, 피자 등과 같은 음식 이름을 부르게 되면 그 음식에 들어갈 것 같은 양념은 모두 나오도록 합니다. 식혜에 고춧가루가 들어갈 리가 없는데 고춧가루가 날뛰는 모습을 분명 보게 될 것입니다.

아시아의 어린이 놀이

5-060

콩 세기 놀이

준비물: 말판과 바둑알, 콩　**인원수:** 4~6명

말판은 4개의 귀퉁이에 1, 2, 3, 4를 써놓은 간단한 것입니다. 4~6명이 각각 바둑알을 10개씩 가집니다. 한 사람이 종재기에 담겨 있는 콩을 한 줌 쥐고 말판 중앙에 주먹을 놓으면 사람들은 자기가 생각하는 번호에 바둑알을 1개 이상 놓습니다. 즉 1, 2, 3, 4번 중에서 한군데를 정하여 바둑알을 1개 또는 2개 이상 놓을 수 있고, 또는 두 군데 이상 바둑알을 놓아도 됩니다. 이때 콩 알을 쥐어 말판 중앙에 놓은 사람도 자기가 가지고 있는 바둑알을 말판에 놓고 놀이에 참가합니다. 그런 다음 막대기를 가지고 콩을 4개씩 세어서 말판 한쪽으로 옮기는데 마지막 4개로 그치는지, 1개, 2개, 또는 3개가 남았는지 알아봅니다.

　점수 매기는 방법은 예를 들면, 마지막으로 남은 콩알이 3개라고 합시 다. 3개는 말판 (3)을 뜻하므로 말판 (3)에 바둑알을 건 사람이 1등을 하 게 되고, 2등은 말판 (4)에 바둑알을 놓은 사람, 3등은 말판 (2)에 바둑알 을 놓은 사람, 꼴등은 가장 먼 숫자인 1에 해당하는 말판 (1)에 바둑알을 놓 은 사람입니다. 다른 예를 들면 2개의 콩알이 남았으면 1등은 말판 (2), 2등 은 다음 숫자인 말판 (3), 3등은 바로 전 숫자인 말판 (1), 꼴등은 말판 (4)가

됩니다. 1등은 8점, 2등은 5점, 3등은 3점입니다. 그런데 1등이 그 말판에 3개의 바둑알을 놓았다고 하면 8점의 3배수인 24점을 한꺼번에 얻게 됩니다. 반면에 꼴등은 점수가 없을 뿐만 아니라 말판에 놓은 바둑알(들)까지 잃어버리게 됩니다. 그 잃어버린 말판은 콩알을 말판에 놓고 세는 사람이 가져가게 됩니다. 알을 놓고 세는 사람은 어린이들이 돌아가면서 하세요. 이렇게 계속하여서 바둑알을 모두 잃어버린 사람은 탈락하게 되며, 그때까지 누가 가장 많은 점수를 얻게 되는지 겨루어봅시다.

농사일 돕기

준비물: 종이꽃, 물뿌리개, 비료 상자, 분무기, 양동이, 세발자전거　**인원수:** 12~20명

6명씩 모둠을 만들고 모둠별로 출발선에 정렬합니다. 모둠별로 괭이, 두꺼운 종이로 만든 꽃들, 물뿌리개, 비료 상자(종이 상자), 분무기, 양동이, 세발자전거를 나누어주고 출발선에서 10~15m 떨어진 반환점에 놓아둡니다. 시작이 되면 첫 번째 어린이는 반환점으로 달려가 괭이를 들고 땅을 다섯 번 내려쳐서 밭을 가는 시늉을 하고 돌아옵니다. 두 번째 어린이는 반환점으로 달려가 이번에는 땅을 간 밭에다가 꽃(종이로 만든)들을 심고 돌아옵니다. 세 번째 어린이는 꽃에 물을 주고 돌아옵니다. 네 번째 어린이는 비료 상자에 들어 있는 비료를 뿌리고 돌아옵니다. 다섯 번째 어린이는 분무기로 꽃에 물을 뿌립니다. 여섯 번째 어린이는 추수를 하는데 꽃을 뽑아 양동이에 넣어가지고 세발자전거를 타고 출발선으로 돌아옵니다. 어느 모둠이 가장 먼저 꽃 농사를 마치고 추수하였는지 겨루는 놀이입니다.

마지막 남은 성냥개비

준비물: 성냥　**인원수:** 2~4명

오랜 옛날부터 중국 사람들이 즐겼다는 이 놀이는 15개의 성냥개비를 3, 5, 7 개 세 다발로 분리하여 놓고 두 사람이 순서를 정하여 교대로 한 다발에서 마음대로 성냥을 가져가는데, 마지막 남은 한 개의 성냥개비를 가져가는 사람이 지는 놀이입니다. 성냥을 가져갈 때는 다른 두 다발에서 동시에 가져갈수 없습니다. 조금 더 복잡하게 하려면 4, 5, 6, 7, 8개 다섯 다발로 하는 방법이 있습니다.

Tip　살짝 알려드릴게요. 요령은 간단합니다. 세 다발에 남는 수가 1, 2, 3이나 1, 4, 5 를 먼저 만들거나, 두 다발이 남았을 때 남은 성냥개비의 수를 같게 하는 사람이 이깁니다. 따라서 이 비결을 알고 있는 사람은 먼저 하게 되면 항상 이길 수 있답니다.

중국 벽

인원수: 20~30명

한 사람이 술래가 되어 땅바닥에 선을 그어 표시해놓은 벽 안에 들어가 서 있고, 나머지 어린이들은 벽 양쪽에 그려놓은 안전선 사이에 서 있도록 합니다. 술래가 "시작" 하고 외치면 사람들은 반대편 안전선을 향해 도망쳐야 하고 술래는 그들을 잡습니다. 잡힌 사람들은 이제 다른 술래를 도와 다른 사람들을 잡아야 합니다. 마지막까지 살아남은 어린이가 술래가 되어 다시 시작합니다.

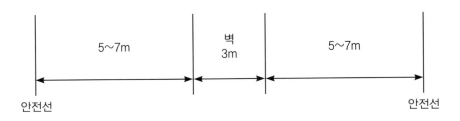

과일 장사

인원수: 15~20명

술래 두 사람을 정하여 과일 장수와 손님이 됩니다. 다른 어린이들은 과일이 되어서 둥글게 둘러앉은 다음 두 손을 움켜쥐고 무릎에 얹어놓습니다. 손님이 과일 장사에게 "과일 장사 아저씨(아줌마) 오늘 어떤 과일이 있어요?" 하고 물어봅니다. 과일 장사는 "뭐든지 다 있지요. 무얼 드릴까요?" 하고 말합니다. 손님은 돌아다니다가 어느 한 사람(과일)에게 가서 머리에 손을 얹고 "이건 너무 딱딱하군, 이건 너무 달아, 이건 너무 못생겼어" 하고 능청을 떨다가 과일 장사와 손님이 한 어린이에게 가 양팔로 껴안고 앞뒤로 세 번 흔들면서 간지럼을 태웁니다. 이때 그 어린이가 무릎에서 손이 떨어지면 그 과일(사람)은 팔리게 되고, 그렇지 않으면 그대로 앉아 있습니다. 과일이 모두 팔릴 때까지 계속하거나 적당한 시간에 술래를 바꾸면서 해보세요.

5-065

가찬코

인원수: 10~20명

땅바닥에 달팽이 모양과 같은 놀이판을 그리고 두 모둠이 〈가〉와 〈나〉 진영을 하나씩 차지합니다. 시작이 되면 각 모둠에서 한 사람씩 자기 진영에서 나와 상대 진영을 향해 힘을 다해 달려갑니다. 이때 선을 밟지 않도록 조심하세요. 두 사람이 서로 마주치면 그 자리에 서서 가위바위보를 합니다. 승부가 날 때까지 계속하다가 진 사람은 즉시 자기 진영으로 돌아가 열 맨 끝에 섭니다. 이긴 어린이는 즉시 상대 진영으로 돌진하고 진 사람의 진영에서는

그다음 어린이가 진영을 떠나 달려 갑니다. 이렇게 하여 두 사람이 마주치면 다시 '짱껭뽕'을 합니다. 이런 방식으로 계속하여 어느 모둠이 먼저 상대 진영에 도달하는지 승부를 가립니다. 이 놀이는 달리기 대신에 모든 어린이들이 앙감질로 뛰거나 오리걸음으로 걷도록 할 수 있으며, 인원이 많으면 각 모둠에서 두세 사람씩 나와서 겨루는 방법도 있습니다.

골목 치기

인원수: 15~20명

놀이구역에 5명의 어린이가 술래가 되어 골목(A구역)에 서고 나머지 어린이들은 B구역 안으로 들어갑니다. 술래들은 골목을 자유롭게 돌아다닐 수 있고, 다른 어린이들은 골목을 밟을 수는 없지만 뛰어서 넘을 수는 있습니다. 시작이 되면 어린이들은 골목을 시계 방향으로 뛰어넘어 제자리로 돌아와야 합니다. 술래들은 골목을 뛰어넘는 어린이를 손으로 쳐서 잡습니다. 이렇게 하여 잡히거나 골목에 발을 댄 어린이는 술래 편이 되어서 나머지 어린이들을 잡습니다. 술래가 10명이 되면 그중에서 잡힌 어린이 5명이 새 술래가 되어 다시 시작합니다. 놀이구역의 크기는 인원수, 연령을 고려하여 정하십시오.

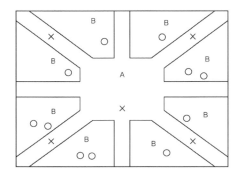

니와쿠지

준비물: 실(1m 정도) **인원수:** 5~8명

한 사람이 길이 1m 정도 되는 실을 그림과 같이 인원수만큼의 고리구멍이 나오도록 접고 함께 모아서 주먹으로 아랫부분을 쥡니다. 그러고 나서 사람들에게 고리구멍을 하나씩 골라 검지손가락을 끼워 넣도록 합니다. 모든 사람들이 손가락을 끼운 다음 실을 잡고 있는 사람이 주먹 아래로 나와 있는 실 끝을 천천히 잡아당깁니다. 이렇게 되면 첫 번째 고리에 손가락을 넣은 사람이 누구인지 밝혀집니다. 그 사람은 손가락을 빼고 다시 실을 잡아당기면 두 번째 사람이 밝혀지는데 마지막 사람까지 순서가 정해집니다. 이 놀이는 순서를 정할 때 아주 어울리는 놀이입니다.

5-068

게 이어달리기

인원수: 10~30명

두 모둠 이상으로 나누고 출발선에 정렬합니다. 시작이 되면 하늘을 보고 누운 상태에서 손과 발을 모두 땅에 대고 반대로 기어가 8m 떨어진 곳에 있는 반환점을 돌아옵니다. 이렇게 마지막 어린이까지 모두 마친 다음 어느 모둠이 가장 먼저 들어오는지 겨루어봅시다.

5-069

고무 밴드 따먹기

준비물: 고무 밴드   **인원수:** 2~10명

두 어린이가 1m 정도 떨어져 무릎을 꿇고 마주보고 앉습니다. 어린이들은 자기 앞에 고무 밴드를 하나 놓아두고 시작이 되면 입바람으로 자기 고무 밴드를 불어 다른 사람의 고무 밴드 위에 올라타도록 한 어린이가 상대 고무 밴드를 가져가게 됩니다. 고무 밴드는 두 사람이 10개씩 가지도록 하고 누가 먼저 고무 밴드를 모두 빼앗는지 겨루어보세요.

태국

5-070

동전 줍기

준비물: 대나무(어린이 눈높이만 한 길이), 동전 1개 **인원수:** 10명 내외

어린이의 눈높이만 한 대나무를 땅에 세워 놓고 대나무 끝에 동전을 하나 올려놓습니다. 한 어린이가 8m 정도 떨어진 곳에 서서 한쪽 눈을 한 손으로 가리고 한쪽 눈으로만 봅니다. 어린이는 대나무 앞으로 다가가 눈을 대지 않은 한 손을 들어서 엄지와 검지손가락으로 동전을 집습니다. 동전을 집으면 점수를 얻게 되고, 잘못 집으면 다음 어린이가 다시 합니다. 이 놀이는 한 어린이가 한 번씩만 할 수 있습니다.

5-071

접시돌리기

준비물: 쟁반(직경 30~40cm) **인원수:** 15~20명

메무타 핑간이라고 하는 이 놀이는 말레이시아 어린이들이 즐기는 놀이입니다. 어린이들이 둥글게 둘러서서 앉아 있고 술래 한 사람이 원 중앙에 들어가 커다란 접시(또는 쟁반)를 세워 빙빙 돌리기 시작합니다. 그러다가 술래가 어떤 사람의 이름을 부르고 그 사람이 앉아 있는 자리로 달려가면 반대로 호명된 사람은 급히 원 중앙으로 달려가 돌아가던 접시가 바닥에 떨어지기 전에 계속 돌아가도록 살려야 합니다. 이렇게 살려서 접시 돌리는 것에 힘이 붙으면 다시 다른 사람의 이름을 부릅니다. 이런 방식으로 계속하는데, 접시돌리기를 실패한 사람에게는 벌칙으로 장기자랑을 할 수 있도록 하면서 계속합니다.

완·두·줌

두 어린이가 마주보고 함께 "완·두·줌" 하고 외치면서 다음의 5가지 모양 중에 하나를 택하여 손을 내밉니다. 5가지 모양은 다음과 같습니다.

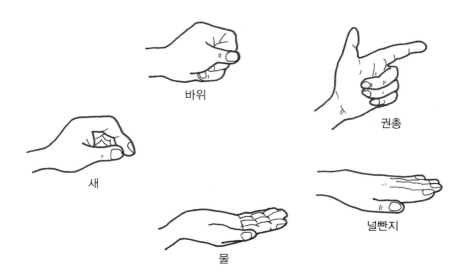

바위

권총

새

물

널빤지

새: 다섯 손가락을 쭉 펴고 손가락 끝을 모읍니다.

바위: 주먹을 꼭 쥡니다.

권총: 주먹을 쥔 상태에서 엄지손가락과 검지손가락을 폅니다.

널빤지: 손바닥이 아래로 가게 손을 쭉 폅니다.

물: 손바닥이 위로 가게 손을 쭉 폅니다.

이기는 경우는 다음과 같습니다. 새는 물을 마실 수 있으므로 새는 물을 이기고, 바위로 새를 잡을 수 있으므로 바위는 새를 이기고, 바위로 널빤지를 쪼갤 수 있으므로 바위는 널빤지도 이기고, 권총은 바위를 깰 수 있으므로 권총이 이기고, 권총으로 널빤지를 부술 수 있으므로 권총이 이기고, 물은 바위를 물에 잠기게 하고 권총을 못 쓰게 하기 때문에 물은 바위와 권총을 이기고, 널빤지는 물에 뜨기 때문에 널빤지는 물에 이기고, 마지막으로 널빤지로 새에게 상처를 입힐 수 있으므로 널빤지는 새를 이깁니다.

춤·춤·팟

인원수: 2〜10명

싱가포르의 '춤·춤·팟'이라는 놀이는 가위바위보와 같은 놀이입니다. 어린 이들은 춤·춤·팟이라고 외치면서 다음의 3가지 모양 중에서 한 가지를 택하 여 손을 내밉니다.

용: 손가락을 쭉 펴고 다섯 손가락 끝을 모읍니다.

바위: 주먹을 꼭 쥡니다.

물: 손을 쭉 뻗어 손바닥이 위로 가게 합니다.

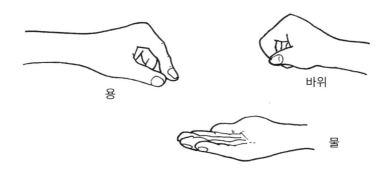

용은 물을 마실 수 있으므로 물을 이기고, 물은 바위를 삼키므로 바위를 이기고, 바위로 용을 잡을 수 있으므로 용을 이깁니다.

벽 수용소

인원수: 6~10명

이 놀이는 기둥이 여러 개 있는 빌딩이나 나무들이 있는 곳에서 할 수 있습니다. 술래를 제외한 나머지 어린이들이 흩어집니다. 술래에게 잡힌 어린이는 포로가 되어 기둥(나무)을 잡고 있어야 합니다. 잡힌 어린이는 먼저 포로가 된 친구의 어깨를 잡고 서 있습니다. 그러다가 살아 있는 어린이가 술래를 피해 기둥을 잡고 있는 포로들을 손으로 치면 포로들은 살아나서 도망칩니다. 이렇게 하여 맨 나중에 잡힌 어린이가 새 술래가 됩니다.

5-075

도와주세요

인원수: 20명 내외

두 모둠으로 나누어 공수를 정합니다. 수비 모둠에서 한 어린이가 수문장이 되고 나머지 어린이들은 밖을 보고 팔짱을 끼고 다리를 펴서 둥글게 앉습니다. 공격 모둠 어린이들은 5m 정도 떨어져 있고 수문장은 두 모둠 사이에 서 있습니다. 수문장이 "시작" 하고 외치면 공격 모둠 어린이들은 수문장을 피해 달려들어 수비 모둠 어린이들의 발을 붙잡고 뜯어냅니다. 이때 수문장은 공격 모둠 어린이들을 손으로 쳐서 잡습니다. 이렇게 잡힌 어린이는 즉시 밖으로 나가야 합니다. 이렇게 하여 공격 모둠이 수비 모둠을 뜯어내면 공격 모둠이 이기고, 반대로 뜯어내기 전에 공격 모둠 어린이들이 수문장에게 모두 잡히면 수비 모둠이 이깁니다.

5-076

순서대로 추격하기

인원수: 10~20명

두 모둠으로 나누고 각 모둠 어린이들은 고유번호를 하나씩 가집니다. 〈가〉 모둠은 놀이터에 흩어지고 〈나〉 모둠은 한편에 모여 서 있습니다. 지도자가 번호를 2개 부르는 것으로 놀이가 시작됩니다. 예를 들어 지도자가 "3번과 5번" 하고 외치면 〈나〉 모둠에서 3번과 5번 어린이가 뛰어나와 〈가〉 모둠의 3번과 5번 어린이를 잡습니다. 붙잡힌 〈가〉 모둠 어린이는 놀이구역에서 즉시 나오고 〈나〉 모둠의 두 어린이는 자기 모둠으로 돌아가 다른 두 어린이와 임무 교대를 합니다. 그 두 어린이가 자기 번호(예: 1번과 7번)를 외치고 들어오면 〈가〉 모둠에서 두 어린이(1번과 7번)가 도망칩니다. 이렇게 하여 〈가〉 모둠의 모든 어린이가 잡힐 때까지 계속하여 보다 짧은 시간에 마친 모둠이 승리합니다.

이후로는 지도자가 3~5개의 번호를 부르게 되면 더 복잡해지고 박진감이 넘치게 됩니다. 마지막으로 모든 번호를 불러 한꺼번에 할 수도 있습니다. 이때 각자 자기 번호를 가진 상대 모둠의 사람만 잡을 수 있다는 점을 기억해 두세요.

왕

준비물: 고무공　　**인원수:** 20명 내외

한 변이 15m 정도 되는 정방형의 놀이구역을 그리고 모두 안으로 들어갑니다. 한 어린이가 공을 던져 다른 사람을 맞힙니다. 모든 어린이들은 놀이구역을 벗어나서는 안 되며 공에 맞지 않도록 주먹으로 날아오는 공을 칩니다. 공에 맞은 어린이는 즉시 놀이구역 밖으로 나가야 합니다. 공이 선 밖으로 나가면 마지막 어린이가 공을 치거나 나가 있는 어린이가 공을 집어 와서 놀이구역 안으로 던져 넣습니다. 마지막 남은 한 어린이가 왕이 됩니다.

주먹 안의 꽃

준비물: 돌 또는 동전 **인원수:** 10~20명

두 모둠이 마주보고 앉아 주장들이 공수를 정한 다음 진 모둠이 서로 등 뒤
로 손을 이어 잡고 상대 모둠 사람들이 눈치채지 못하도록 꽃(돌이나 동전)을 양
옆 사람들과 주고받습니다. 이렇게 하다가 공격 모둠에서 "동작 그만" 하
고 외치면 꽃을 숨기던 아이들은 주먹을 쥔 채로 양손을 앞으로 쭉 내밉니
다. 그러면 상대편 어린이들은 서로 의논하여 누가 어느 손에 꽃을 숨기고

있는지를 알아맞힙니다. 이렇게 하여 알아맞히면 2점을 얻게 되고 목표 점수를 10점이나 20점으로 정하여 어느 모둠이 먼저 그 점수를 얻는지를 통해 승부를 가립니다. 사람이 많은 경우에는 꽃을 2개 감출 수 있습니다. 확실하다 싶으면 2점 이상을 부를 수 있는데 이때 틀리면 기본 점수인 2점 이상을 뺀 수만큼 벌점을 받게 할 수 있습니다.

5-079

무르게 인 라라이

인원수: 10~20명

이 놀이는 우리나라의 닭싸움과 흡사한 놀이입니다. 모둠별로 어린이들은 각자 고유번호를 가집니다. 지도자가 번호를 부르면 그 번호에 해당하는 어린이들이 한 사람씩 나와서 직경 3~4m의 원 안으로 들어갑니다. 두 사람은 한 손으로 같은 쪽 다리(오른손이면 오른발을 잡습니다)를 잡고 서며, 오른발을 잡았으면 왼쪽어깨로 상대방을 밀쳐 원 밖으로 밀어냅니다. 정해진 시간 내에 승부가 나지 않으면 무승부가 되고, 상대방을 넘어뜨리거나 원 밖으로 밀어내면 1점을 얻게 됩니다. 그리고 잡고 있던 발을 놓치게 되어도 실격입니다. 이렇게 하여 어느 모둠이 더 많은 점수를 얻는지 겨루어봅시다.

120

라람라리

준비물: 길이 60cm, 직경 3cm 정도의 막대기(인원수만큼)   **인원수:** 10~15명

이 놀이는 길이 60cm, 직경 3cm 정도의 단다라고 하는 단단한 막대기와 고무공이 필요합니다. 고무공 대신 테니스공을 사용할 수도 있지요. 어린이들은 모두 단다를 하나씩 가집니다. 술래가 된 한 어린이만 빼고 다른 어린이들은 3~4m 정도 떨어져서 흩어집니다. 그 자리에서 어린이들은 허리를 굽혀서 단다를 가지고 땅바닥에 둥글게 원을 그립니다. 이렇게 되면 놀이를 하는 동안 술래가 되기 전에는 그 원 밖을 나갈 수 없습니다. 원 안에 들어가 있는 어린이 중 한 어린이가 공을 힘차게 멀리 내던집니다. 술래는 공이 떨어진 곳으로 달려가 공을 줍습니다. 공을 주운 자리에서 술래는 공을 던져 원 안에 들어가 있는 어린이들을 맞히거나 공이 원 안으로 들어갈 수 있도록 합니다. 둘 중 하나가 성공하면 술래가 바뀝니다. 원 안의 어린이들은 공을 피하거나 단다로 공을 칠 수가 있습니다. 하지만 공을 손으로 잡을 수는 없습니다. 술래가 실패하면 다시 하고, 공으로 한 어린이를 맞히거나 원 안으로 들여보내면 그 어린이가 술래가 됩니다.

5-081

피라밋 퍼즐

준비물: 피라밋 퍼즐

하노이 탑, 또는 땅끝 퍼즐이라고도 불리는 이 인도 피라밋 퍼즐 놀이는 인도 사원에서 어린 동자들이 즐기면서 정신훈련을 할 수 있도록 고안된 놀이였다고 합니다. 하는 방법은 중앙에 큰 고리에서부터 점차 작은 고리로 차곡차곡 쌓인 고리들을 좌우의 말뚝 중 하나에 고스란히 옮겨 놓는 놀이입니다. 단, 언제나 작은 고리가 좀더 큰 고리보다 위에 놓여져야 하며, 한 번에 한 고리씩만 움직일 수 있습니다.

가장 작은 고리를 오른쪽 말뚝에 놓고 두 번째 고리를 왼쪽 말뚝에 놓습니다. 그리고 오른쪽 말뚝의 가장 작은 고리를 다시 (두 번째 고리가 놓인) 왼쪽 말뚝으로 옮깁니다. 세 번째 고리를 오른쪽 말뚝에 놓고 가장 작은 고리를 중간 말뚝으로 옮기고 왼쪽의 두 번째 고리를 오른쪽 말뚝으로 옮깁니다. 같은 방법으로 가장 작은 고리를 오른쪽, 왼쪽, 중간 말뚝으로 계속 옮기면 됩니다. 가장 작은 고리를 움직이는 사이에 움직일 수 있는 가장 작은 고리들도 오른쪽, 왼쪽, 중간 말뚝으로 옮겨서 움직이면 됩니다.

■ 인도 피라밋 퍼즐에 얽힌 설화

인도의 베네라스에 커다란 사원이 있었습니다. 사원 지붕 밑에는 세계의 중심을 표시하는 점이 있었는데 거기에는 황금판 64개가 큰 것부터 시작하여 원뿔 모양으로 차곡차곡 쌓여 있었습니다. 브라마(Bramah)라고 하는 이 탑은 신이 세상을 창조할 때 "한 번에 한 개씩 옮기되 큰 판이 작은 판 위로 가서는 안 된다"라고 하면서 이 모든 원판들을 다른 기둥으로 옮기도록 했다고 합니다. 64개의 황금판을 모두 다른 기둥에 옮기는 순간이 바로 이 세상이 종말을 고하는 순간이라고 하였습니다. 64개를 모두 옮기려면 자그마치 2의 64승을 해야 하므로 그것을 계산해보면 18,446,744,073,709,551,616번이 나옵니다. 한 번 옮기는데 걸리는 시간이 1초라고 보고 계산하면 자그마치 5850억년이나 되니 인도 사람들은 지구의 종말을 아예 믿지 않았던 것 같습니다.

5-082

누구일까요

준비물: 눈가리개   **인원수:** 10~15명

둥글게 둘러서고 한 어린이가 술래가 되어 원 안으로 들어가 눈가리개를 합니다. 술래가 눈을 가리고 있는 동안 한 어린이가 놀이터를 떠나 몸을 숨긴 다음 어린이들은 원을 따라 돌면서 "한 사람이 사라졌어요. 누구인지 알아맞혀보세요. 누구인지 맞히면 박수쳐 줄게요"라고 노래를 부릅니다. 노래를 마치면 술래는 눈가리개를 벗고 사라진 친구가 누구인지 알아맞힙니다. 술래가 알아맞히면 숨어 있는 어린이가 술래가 되고, 맞히지 못하면 다시 해야 하지요.

비오비연

인원수: 10~20명

고구마 장수와 손님이 될 술래 2명을 정하고 나머지 사람들은 고구마가 되어 나무기둥 같이 든든한 곳에 앞 사람의 등을 단단히 붙잡고 줄줄이 서 있습니다. 고구마 장수는 나무기둥에서 3~4m 떨어진 곳에 서 있다가 손님이 찾아오면 다음과 같이 서로 대화를 주고 받습니다.

손님: 안녕하세요.

장수: 누구십니까?

손님: 저 고구마를 좀 사고 싶은데요.

장수: 미안하군요. 고구마 잎이 4개밖에 안 달렸습니다.

이쯤 되면 손님은 나무에 매달린 사람 수를 세어보고 잎사귀 수와 다르면 그냥 돌아가 버립니다. 조금 지나서 손님은 다시 고구마 장수에게 가서 조금 전과 같이 인사를 나누고 고구마를 사고 싶다고 말합니다. 이때 고구마 장수가 잎사귀가 몇 개라고 말하는데 그 잎사귀 수와 사람 수가 같으면 손님은 그 즉시 고구마들에게 달려가 한 사람씩 뜯어내기 시작하여 고구마들을 원 줄기(나무기둥)에서 완전히 분해시킵니다. 이 놀이에서 손님의 무기는 간지럼을 태울 수 있다는 것입니다. 이 놀이는 일단 뜯어내기를 시작하면 매우 격렬해지므로 경우에 따라서는 손님을 두 사람으로 할 수도 있습니다.

고양이와 강아지

준비물: 뼈다귀로 사용할 막대기, 신발 등과 같은 여러 가지 물건들　　**인원수:** 20~30명

땅바닥에 원을 그리고 그 안에 **뼈다귀**(막대기, 신발, 또는 나막신 등)를 놓아둡니다. 술래는 원 안으로 들어가 **뼈다귀**를 지키고 나머지 어린이들은 고양이가 되어 원 밖에 있다가 강아지가 지키는 **뼈다귀**를 훔쳐야 합니다. 강아지는 원 안에서 **뼈다귀**를 훔쳐가는 고양이들을 손과 발로 쳐서 잡습니다. 고양이들은 강아지를 피해 원 안을 드나들면서 **뼈다귀**를 훔칩니다. 고양이들이 **뼈다귀**를 모두 훔치면 강아지는 처음부터 다시 해야 하고, 잡힌 사람 중에서 한 사람이 강아지가 되어 다시 합니다.

브완브완

인원수: 20~30명

브완브완이란 필리핀 말로 달을 뜻하는 것 같습니다. 술래가 원 밖에 서 있고 나머지 어린이들은 모두 원 안으로 들어갑니다. 시작이 되면 술래는 원 밖을 요리조리 뛰어다니다가 원 안에 들어가 있는 어린이들을 손으로 쳐서 잡아야 합니다. 이때 술래는 원을 밟을 수는 있으나 원 안에 들어가서는 안 됩니다. 술래에게 잡힌 사람은 원 밖으로 나가고, 이렇게 하여 여러 사람이 잡히면 그중에서 한 사람이 술래가 되어 다시 하세요.

이 밖에 원 중심을 가로지르는 선을 만들거나 원을 사등분하여 할 수도 있지요. 이런 경우 술래는 선을 밟고 뛰어다닐 수 있으며 원 안을 뛰어넘어서 선을 밟는 것도 허용됩니다. 또한 발로 선을 밟은 상태에서 원 안으로 손을 대고 엎드려서 사람을 칠 수도 있습니다. 원이 너무 크거나 너무 작으면 재미가 없으므로 인원수를 감안하여 원의 크기를 정하도록 하세요.

예쁘이 따이따이

원대형으로 둥글게 손을 잡고 섭니다.

①노래가 시작되면 오른쪽으로 8호간 행진하세요.

②방향을 바꾸어서 왼쪽으로 8호간 되돌아오세요. 이때 신 나게 손과 어깨를 맘껏 흔드세요.

③안으로 행진하면서 서로 잡고 있는 손을 위로 들어 올립니다.

④잠시 손을 놓고 두 사람씩 박수를 치며 시계 방향으로 돌아 제자리로 돌아오세요.

⑤두 사람이 서로 손을 마주잡고 손을 옆으로 흔들면서 2호간 안으로, 다시 2호간 밖으로 들락날락 하면서 방향을 바꾸어 제자리로 돌아오세요.

⑥서로 마주 본 상태에서 양손으로 자기 무릎을 두 번 치고, 손뼉 치기를 두 번 친 다음 서로 오른 손바닥을 두 번 마주치고 이어서 왼 손바닥을 두 번 마주치세요.

⑦양손으로 자기 무릎을 두 번 치고, 손뼉 치기를 두 번, 양손을 위아래로 엇갈려서 두 번 흔들고, 다시 무릎 두 번, 손뼉 치기 두 번에 이어 서로 포옹하세요.

낮과 밤

준비물: 슬리퍼   **인원수:** 10~40명

8m 간격으로 평행선을 긋고 두 모둠이 각각 하나씩 차지하여 마주보고 정렬합니다. 두 모둠은 각각 낮과 밤이 되는데 한 어린이가 두 선의 중간지점에서서 슬리퍼를 공중에 던져 땅바닥에 떨어지는 순간 두 모둠 어린이들은 모두 반대쪽 선을 향하여 달려갑니다. 슬리퍼가 바로 놓여 있으면 낮 모둠은밤 모둠 어린이들을 쫓아가서 잡고, 슬리퍼가 뒤집혀 있으면 반대로 밤 모둠어린이들이 낮 모둠 어린이들을 잡아야 합니다. 반대편 선을 무사히 넘어간어린이들은 다행이지만, 잡힌 어린이는 상대 모둠 편이 됩니다. 이렇게 하여두 모둠 중에서 어느 한 모둠이 모두 잡혀갈 때까지 계속합니다.

5-088

레셰, 레토

인원수: 2~5명

'긴 손가락, 짧은 손가락'이라고 하는 이 놀이는 2~5명의 어린이 중에서 한 아이가 손가락 끝을 모으고 있는 오른손을 왼손으로 감싸 5개의 손가락 끝만 보이도록 한 다음 다른 사람들이 그중에서 가운데 손가락을 찾아내는 놀이입니다. 손가락을 감추는 사람은 손가락의 배열을 뒤죽박죽하게 해놓고 어느 것이 엄지이고, 어느 것이 새끼손가락인지 분간하지 못하도록 하는 것이 놀이의 핵심입니다. 이렇게 하여 맞출 때까지 계속하고 맞추면 서로 교대하여 계속해 봅시다.

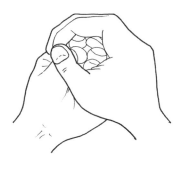

지휘관 · 호랑이 · 군인

인원수: 2~10명

이 놀이는 가위바위보와 비슷한 놀이입니다. 두 사람이 서로 마주보고 서서 그중 한 사람이 손뼉을 치면 다음의 3가지 자세 중에 한 가지를 택합니다.

134

지휘관: 두 손을 엉덩이에 대고 배를 쭉 내밀고 서 있습니다.

군인: 총을 쏘는 자세를 취합니다.

호랑이: '어흥' 하고 덤벼드는 호랑이의 자세를 취합니다.

이런 동작 중에 한 가지만을 동시에 취했을 때 같은 동작이 나오면 다시 합니다. 가위바위보와 같은 방법으로 지휘관은 군인을 이기고, 군인은 총을 들고 있으므로 호랑이를 이기지만, 호랑이는 지휘관을 이깁니다.

흔들기

인원수: 10~20명

어린이들은 일렬종대로 앉아 발을 쭉 펴서 앞 사람의 등에 닿도록 하고 손은 앞 사람의 어깨를 잡은 다음 함께 다음과 같은 노래를 부릅니다. 미얀마 어린이들의 노래는 다음과 같은데 이 노래를 '징글벨'에 맞추어서 노래를 불러 봅시다.

모두 다 함께 / 돌을 흔들자 / 나무 위 새처럼 / 흔들며 노래해 /
모두 다 함께 / 정말 신 난다 / 나무 위 새처럼 / 왕창 흔들자.

이렇게 노래를 하다가 "왕창 흔들자"에서 어린이들은 모두 뒤로 자빠집니다.

5-091

돌 감추기

인원수: 10~20명

모둠별로 어린이들은 일렬로 앉아 발을 쭉 펴서 모으고 앞 사람의 등에 닿도록 합니다. 각 모둠에서 한 어린이가 나와서 자기 모둠 친구들 옆을 왔다 갔다 하다가 한 사람의 무릎 아래에 작은 돌을 살짝 감춥니다. 이때 상대 모둠 어린이들에게 발각되지 않도록 해야 합니다. 돌을 숨긴 다음 다른 모둠에서 한 어린이가 나와 그 돌이 누구 무릎 사이에 있는지 알아맞히도록 합니다. 알아맞히면 돌을 가지고 있는 사람은 상대 모둠으로 잡혀가 돌을 숨기는 사람이 됩니다. 맞히지 못하면 반대로 그 사람이 상대 모둠으로 잡혀가게 됩니다. 이렇게 해서 어느 모둠이 더 많은 어린이를 잡아오는지 겨루어봅시다.

5-092

따라잡기

인원수: 20~30명

어린이들은 교대로 반대 방향을 바라보며 일렬횡대로 앉습니다. 한쪽 끝에 있는 사람이 아무 방향이나 달리면 반대쪽 끝에 있는 사람은 도망자가 됩니다. 도망자 역시 마음대로 방향을 정할 수 있지만 두 사람은 일단 방향을 정한 다음에는 누구도 바꿀 수 없습니다. 도망자가 달아나다가 한 어린이의 어깨를 치면서 "도망쳐!"라고 외칩니다. 그러면 그 어린이는 도망자가 되는데 즉시 자리에서 일어나 달아나야 합니다. 도망자였던 술래는 그 자리에 앉습니다. 이렇게 하면 추격자와 도망자는 계속 바뀌면서 이어지는 정신없이 바쁜 놀이랍니다. 도망자가 잡히면 술래를 바꾸어서 다시 하세요.

수리 카사

인원수: 5명

한 변의 길이가 3m 정도 되는 정사각형을 그리고 네 귀퉁이에 두 발을 댈 수 있을 만큼의 작은 정사각형을 그립니다. 네팔 어린이들은 그 귀퉁이에 정사 각형을 그리는 대신 학교 가방을 놓고 하기도 합니다. 4명의 어린이가 귀퉁 이를 하나씩 차지하고 나머지 한 어린이가 술래가 되어 정사각형 중앙에 서 있습니다. 시작이 되면 귀퉁이에 있는 어린이들은 손짓, 몸짓, 눈치로 서로 약속하여 순식간에 옆 귀퉁이로 자리를 옮기는데, 이때 중앙에 있는 술래는 네 귀퉁이 중에 하나를 빼앗아 차지해야 합니다. 술래에게 자리를 빼앗긴 어 린이는 술래가 되며, 술래가 자리를 빼앗지 못하면 다시 합니다.

아프리카의 어린이 놀이

5-094

사자 굴

인원수: 15~20명

직경 1m 정도의 원 안에 술래가 들어가 사자가 되어 쪼그리고 앉아 있습니다. 어린이들이 사자가 들어가 있는 굴(원 안)로 다가가 "사자야, 사자야 굴에서 나오렴" 하고 약을 올립니다. 가만히 앉아 있던 사자가 갑자기 일어나 굴밖으로 뛰어나가 친구들을 잡습니다. 잡힌 어린이는 사자 새끼가 되어서 굴 안으로 들어갑니다. 어린이들이 다시 굴로 다가가 약을 올리면 같은 방법으로 사자가 달려나와서 잡습니다. 이때 맨 처음의 사자가 먼저 일어나고 나서 사자 새끼들이 따라 일어나야 합니다. 마지막으로 잡힌 어린이가 새 술래가 됩니다.

식당 공

준비물: 공 2개　**인원수:** 20명 내외

두 모둠으로 나누어 모둠별로 발을 넓게 벌리고 일렬종대로 섭니다. 시작이
되면 맨 앞에 있는 어린이가 두 손으로 공을 잡고 가랑이 사이로 공을 넣어서
뒷사람에게 계속 전달합니다. 맨 뒤의 어린이가 공을 잡으면 즉시 앞쪽으로
달려가 공을 같은 방법으로 뒷사람에게 전달합니다. 이렇게 하여 어느 모둠
이 먼저 마치는지 겨루어봅시다.

5-096

손 없이

인원수: 10명 내외

어린이들이 납작한 돌을 신체의 한 부분에 놓고 출발선에 섭니다. 당연히 돌을 손으로 잡을 수 없습니다. 시작하면 돌이 땅바닥에 떨어지지 않도록 하면서 반환점을 돌아옵니다. 돌을 떨어뜨린 어린이는 그 즉시 출발선으로 돌아와 다시 시작하는데 세 번까지 할 수 있습니다. 이렇게 하여 누가 가장 먼저 마치는지 겨루어봅시다.

5-097

절벽 위의 장님

준비물: 나무 막대기 2개, 보자기, 눈가리개 2개   **인원수:** 20~30명

둥글게 둘러서고 술래 둘이 원 안으로 들어가 눈가리개를 합니다. 시작이 되면 술래 〈가〉는 넓적한 나무 2개를 양손에 들고 치고, 술래 〈나〉는 나무 소리를 따라 술래 〈가〉를 쫓아가면서 들고 있는 보자기로 칩니다. 술래 〈나〉가 술래 〈가〉를 잡으면 술래 〈가〉는 술래 〈나〉의 역할을 하고, 술래 〈나〉는 원을 만들고 있는 어린이 중에서 한 사람과 바꾸어 다시 합니다.

5-098

리바

준비물: 도토리, 밤과 같은 견과류, 바구니   **인원수:** 10~15명

어린이들이 둥글게 둘러앉고 원 안에 도토리나 밤과 같은 열매를 가득 담아 놓은 바구니를 놓아둡니다. 한 사람씩 나와 열매를 하늘 높이 던지고 땅에 떨어지기 전에 다른 손으로 되도록이면 많은 열매를 줍도록 합니다. 이렇게 하여 누가 가장 많이 열매를 줍는지 겨루어봅니다. 이 밖에 한 손으로는 열매를 많이 줍고 열매를 던진 손으로는 떨어지는 열매를 받도록 하는 방법도 있습니다.

물람빌와

준비물: 나무조각 인원수만큼(직경 10~15cm, 길이 20~30cm), 공   **인원수:** 10~20명

두 모둠이 5m 정도 떨어져 마주보고 섭니다. 어린이들은 자기 앞에 각각 나무토막(직경 10~15cm, 길이 30cm 정도)이나 플라스틱 통을 세워두고 공을 하나씩 들고 있습니다. 시작이 되면 공을 던지거나 굴려 상대 모둠의 나무토막을 맞혀 쓰러뜨립니다. 상대 모둠의 나무토막을 모두 쓰러뜨린 모둠은 10m 후방에 있는 안전선으로 도망칩니다. 도중에 붙잡힌 모둠은 모두 벌을 받게 되며, 나무토막을 모두 맞히기 전에는 지정된 지점에 머물러 있어야 합니다.

내 이름 부르기

인원수: 20~30명

모두 손을 잡고 둥글게 둘러선 다음 술래 한 사람이 원 중앙으로 들어갑니다. 어린이들은 술래의 이름을 넣어 노래를 부르면서 손을 잡고 뜁니다. 술래는 손을 잡고 서 있는 한 사람에게 뛰어가 그의 손을 치고 그 아이와 자리를 바꿉니다. 어린이들은 즉시 새 술래의 이름을 부르면서 함께 노래를 부르고, 새 술래는 원 중앙으로 달려간 다음 다시 한 아이의 팔을 칩니다. 이 놀이는 계속 바삐 뛰어다니면서 모든 어린이들이 한 번씩 술래가 될 때까지 계속합니다. 라이베리아 어린이들은 이 간단한 놀이를 춤을 추면서 즐긴답니다.

멋 - 쟁 이 ○○ 나를 불러 줘
(술래 이름)

148

쥐와 콩

준비물: 콩, 접시 2개   **인원수:** 10~20명

두 모둠이 반원씩 차지하며 둥글게 둘러앉고 어린이들은 각자 자기 번호를 가집니다. 원 중앙에는 콩이 담긴 바구니와 그 옆에 조그만 접시를 2개 갖다 놓습니다. 예를 들어, 지도자가 "3번" 하고 외치면 각 모둠에서 번호가 3번인 어린이는 앉은 자리에서 일어나 시계 방향으로 원 밖을 돌아 비어 있는 제자리를 통해 원 안으로 들어가 콩을 집습니다. 콩을 집을 때 한 번에 딱 한 개만 집어야 합니다. 한꺼번에 여러 개를 집거나 한술 더 떠 한 움큼 쥐어서는 안 됩니다. 이때 둘러앉아 있는 사람들이 "하나 둘 셋" 하면서 10까지 수를 세는 동안 두 사람은 서둘러서 콩을 1개씩 집어 각자 자기 접시에 옮겨 놓아야 합니다. 이렇게 하여 콩을 더 많이 넣은 어린이의 모둠이 1점을 얻게 됩니다.

5-102

아디

준비물: 아디 놀이판　**인원수:** 2명

아디(Adi)는 아프리카 노예들에 의해 백인들에게 전해진 놀이입니다. 이 놀이는 나무에 다음과 같이 6개씩 2줄로 12개의 구덩이를 파서 그 안에 4개씩의 씨앗(팥알, 옥수수 알, 조개껍질 등)을 넣고 하는 놀이입니다. 조각칼로 나무에 구덩이를 파서 놀이기구를 직접 만들면 좋고, 여의치 않은 경우에는 두꺼운 종이에 구멍을 뚫고 그것을 같은 크기의 종이에 풀로 붙여도 훌륭한 아디가 됩니다. 종이에 연필로 그려도 무방합니다.

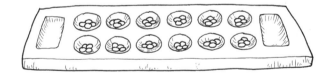

두 사람이 놀이판을 사이에 두고 서로 마주보고 섭니다. 자기 앞에 있는 6개의 구덩이가 자기 것이 되며 그 안에 씨앗들을 4개씩 집어넣습니다. 두 사람이 서로 교대로 콩을 주거니 받거니 하는데, 그 방법은 다음과 같습니다. 즉 자기 구덩이 6개 중에서 하나를 골라 그 안에 들어 있는 씨앗을 모두(4개) 꺼내어 그 빈 구덩이 주위에 있는 구덩이들에 시계 반대 방향으로 하나씩 넣습니다. 그림으로 예를 들면 아래와 같습니다.

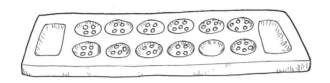

　이어서 다음 사람도 같은 방법으로 자기 구덩이 중에 하나를 선택하여 그 안에 들어 있는 씨앗을 모두 꺼내들고 시계 반대 방향으로 돌아가면서 주위의 구덩이들에 씨앗을 하나씩 집어넣습니다. 이렇게 반복하면서 씨앗들이 왔다 갔다 하다 보면 어떤 구덩이에는 씨앗 하나만이 외롭게 들어 있는 경우가 생기게 됩니다. 이런 경우에는 그 하나의 씨앗을 2개 또는 3개가 들어 있는 상대방의 구덩이에 찾아 집어넣으면 그 구덩이에 있던 씨앗은 모두 **빼앗**아올 수 있습니다. 또한 구덩이 하나에 무려 12개 이상의 씨앗이 들어 있는 경우에는 이 구덩이에 있는 씨앗들을 모두 **빼버리고** 놀이가 끝날 때까지 계속 비워둡니다. 이 구덩이에는 더 이상 씨앗을 넣을 수가 없게 됩니다. 두 사람 중 한 사람이 자기 구덩이에 뿌릴 씨앗이 하나도 없는 경우에는 놀이는 끝나게 됩니다. 따라서 자신의 차례가 된 후 따놓은 씨앗이 상대방보다 적고 상대방의 구덩이에 씨앗이 하나도 없으면 자신의 구덩이에 있는 씨앗을 상대방의 구덩이에 집어넣도록 온갖 작전들을 짜내야 합니다. 놀이가 끝나면 이때까지 자기가 따놓은 씨앗의 수를 세어 누가 많이 벌었는지 가려봅시다. 놀이가 쉽게 끝나지 않는 경우에는 그때부터 횟수를 정한 다음 중지할 수 있습니다. 이런 경우에는 자기 구덩이에 남아 있는 씨앗과 따놓은 씨앗의 수를 합한 수가 많은 사람이 이깁니다.

암탉과 매

인원수: 6~10명

술래가 매가 되고 어린이들은 병아리가 됩니다. 병아리들 중에서 한 어린이가 암탉이 되어 놀이터 반대편에 서 있습니다. 그러니까 병아리들과 암탉은 놀이터 양편에 서 있고 매는 그 가운데 서 있게 됩니다. 암탉이 "얘들아, 이리 오너라" 하고 외치면 병아리들은 암탉이 있는 곳으로 달려가는데 놀이터 가운데에 서 있는 매가 달려오는 병아리들을 손으로 쳐서 잡습니다. 매는 자기가 서 있는 지점을 넘어서면 쫓아가서 잡을 수 없습니다. 이렇게 하여 잡힌 병아리들은 잠시 놀이터 밖에 나가 있고, 암탉이 자리를 옮겨서 다시 합니다. 여러 번 계속하다 보면 병아리들이 모두 매에게 잡히겠지요.

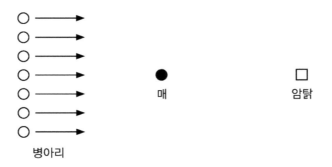

북미·남미의
어린이 놀이

5-104

돌 굴리기

준비물: 소프트볼 　**인원수:** 20명 내외

'울루마이카' 또는 '울루후'는 하와이 원주민들이 오래전부터 울루라고 하는 둥근 돌을 가지고 하던 놀이입니다. 두 모둠이 중앙선에서 각각 6m 떨어진 곳에 선을 긋고 마주보고 섭니다. 중앙선에는 다음과 같이 말뚝을 박아놓습니다. 시작이 되면 두 모둠은 교대로 공을 굴려서 말뚝을 건드리지 않고 통과시키는데, 이렇게 공이 무사히 통과하면 1점을 얻습니다. 이 놀이는 점수를 정하고 먼저 그 점수를 딴 모둠이 이깁니다.

암페이

준비물: 작은 돌멩이를 여러 개 집어넣은 깡통　　**인원수:** 10~15명

깡통에 작은 돌멩이 3~4개를 넣고 뚜껑을 봉합니다. 한 사람이 깡통을 멀리 던지면 술래는 깡통을 주워 정해 놓은 지점(집)으로 달려갑니다. 나머지 어린이들은 각자 흩어져 술래가 집에 도착하기 전에 몸을 숨겨야 합니다. 집에 도착한 술래는 숨어 있는 사람들을 찾습니다. 술래가 숨어 있는 사람을 찾아내면 즉시 "암페이, 철수, 소나무 뒤에 있지" 하는 식으로 암페이를 외치고 그 사람의 이름과 장소를 댑니다. 그러면서 깡통을 흔듭니다. 그러면 그 사람은 잡히게 됩니다. 술래는 집을 떠나 친구들을 찾을 수 있습니다. 이렇게 하여 숨은 사람을 발견하면 술래는 즉시 집으로 달려가서 깡통을 흔들고 "암페이, ○○는 ○○에 있지" 하고 외칩니다. 술래는 숨어 있는 사람들을 모두 찾을 때까지 계속하는데, 술래보다 다른 사람이 집으로 먼저 달려가 깡통을 흔들면서 "암페이! 모두 살았다!" 하고 외치면 잡힌 사람들은 모두 살아납니다. 이렇게 되면 술래는 다시 해야 하고 술래가 모두 잡으면 맨 처음 잡힌 사람이 술래가 되어 다시 합니다.

5-106

토끼굴

인원수: 20~30명

3명씩 모여 운동장에 흩어집니다. 두 어린이는 두 손을 함께 잡아 토끼굴을 만들고 그 안에 한 어린이(토끼)가 들어갑니다. 술래가 된 어린이가 운동장 중앙에 있다가 "토끼굴" 하고 외치면 토끼굴에 들어가 있던 어린이들은 다른 토끼굴을 찾아서 이동해야 합니다. 토끼굴이 된 두 어린이는 토끼가 빨리 빠져나갈 수 있도록 붙잡고 있는 손을 들어줍니다. 이때 술래가 된 토끼도 빈 토끼굴을 찾아 들어가게 되므로 굴에 들어가지 못한 토끼가 새 술래가 되어서 계속하게 됩니다.

작은 문

준비물: 축구공   **인원수:** 3명

두 어린이가 2m 간격을 두고 양발을 벌려 같은 방향으로 보고 섭니다. 세 번째 어린이가 첫 번째 어린이를 향해 공을 드리블하여 가랑이 사이로 슛을 쏩니다. 두 어린이는 양손으로 공을 막을 수 있습니다. 골인이 되면 1점을 얻고 이어서 두 번째 어린이의 가랑이 사이로 공을 찹니다. 이번에도 성공하면 1점을 더 얻게 되고 처음부터 다시 시작합니다. 하지만 득점을 하지 못하면 세 번째 어린이와 골을 막은 어린이는 임무 교대를 하게 됩니다. 이렇게 놀이가 계속 이어집니다.

5-108

병든 고양이

인원수: 15~20명

술래 한 사람이 고양이가 되고 나머지 어린이들은 놀이터에 흩어집니다. 시작이 되면 고양이는 어린이들을 쫓아가서 잡습니다. 잡힌 어린이는 '병든 고양이'가 되어 왼손으로 술래에게 잡힌 부분을 잡고 있어야 합니다. 이렇게 잡힌 병든 고양이들은 고양이와 함께 나머지 어린이들을 잡도록 하는데 마지막까지 살아남은 어린이가 새 술래가 됩니다.

옆자리가 비어 있어요

준비물: 의자　　**인원수:** 15~20명

둥글게 의자에 둘러앉고 한 의자를 비워 놓습니다. 어린이들은 각자 자기만
의 꽃(장미, 국화, 민들레 등)을 하나씩 정합니다. 빈 의자 왼쪽에 앉은 어린이가 "내
오른쪽 의자가 비어 있어요. 장미야, 이리와"라고 말합니다. 장미 어린이는
앉은 자리에서 일어나 빈 의자로 가서 앉습니다. 장미가 떠난 자리는 비어
있게 되는데 빈 의자의 왼쪽에 앉은 어린이는 다른 어린이들을 다시 불러 옆
빈 의자에 앉힙니다. 지명받은 어린이가 자신의 이름을 잊어버리면 벌점을
받게 되는 매우 간단한 놀이랍니다.

5-110

탐파 브라질

준비물: 병뚜껑(인원수만큼)　**인원수:** 3~5명

탐파는 포르투갈어로 '병뚜껑'을 뜻합니다. 4명의 어린이들은 땅바닥에 통로를 그리는데 여러 가지 장애물들을 만듭니다. 예를 들어 낭떠러지, 다리, 급경사길 등입니다. 첫 번째 어린이부터 출발점에 병뚜껑을 놓아두고 손가락으로 튕겨서 통로를 따라 전진합니다. 이와 같은 방법으로 어린이들이 한 번씩 돌아가면서 하는데 다른 어린이의 병뚜껑을 맞히거나 병뚜껑이 통로 밖으로 나가면 출발선으로 돌아가 다시 해야 합니다. 이렇게 하여 누가 가장 먼저 종점에 도달하는지 겨루어보세요.

5-111

누구일까요

인원수: 15~20명

어린이들은 일렬종대로 서고 한 어린이가 술래가 되어 앞으로 나옵니다. 술래가 "내 친구를 보았니?" 하고 물으면, 어린이들은 "아니" 하고 말합니다. 그러면 다시 술래가 "어디 있는지 아니?" 하고 물으면 "알고 있지" 하고 대답합니다. 술래는 그 자리에서 뒤돌아 아홉 걸음을 걸어나갑니다. 그러면 다른 어린이들은 재빨리 순서를 바꾸어 술래 뒤에 섭니다. 당연히 술래는 뒤를 돌아볼 수 없지요. 어린이들은 술래에게 "누구게?" 하고 물어봅니다. 술래는 바로 뒤에 있는 어린이가 누구인지를 알아맞혀야 하는데 세 번 질문할 수 있습니다. 예를 들면 '여자니? 남자니?'라고 묻거나 '크니? 작니?' 하는 식으로 세 번 물어보고 나서 바로 뒤에 서 있는 어린이의 이름을 댑니다. 맞히면 술래가 바뀌고, 맞히지 못하면 술래를 다시 해야 합니다. 이 놀이에서 한 번 사용한 질문은 다시 하지 못하도록 하면 더욱 재미있습니다.

5-112

폭풍우 치는 바다

준비물: 방석(인원수만큼)　　**인원수:** 15~20명

둥글게 둘러서 방석 위에 앉은 다음 술래가 원 밖에 섭니다. 그런 다음 어린
이들은 각자 다른 자기만의 물고기 이름을 정해서 가집니다. 술래가 원 밖을
돌아다니다가 "오늘은 파도가 높은 날. 고등어(예) 나와라!" 하고 외치면 고등
어 어린이는 자기 자리에서 일어나 술래를 쫓아갑니다. 술래는 이렇게 계속
6가지 물고기를 부르면 지명받은 어린이들은 자리에서 일어나 술래를 쫓아
갑니다. 그러다가 술래가 "폭풍우가 친다. 모두 나와라!" 하고 외치면 모든
어린이들은 자리에서 일어나 술래를 쫓아 원을 돌다가 다시 술래가 "이제 잔
잔해졌다" 하고 말하면 그 즉시 어린이들은 원래 자기가 앉았던 자리를 찾아
가 앉습니다. 술래는 아무 자리나 앉을 수 있으므로 자리를 잃어버린 어린이
가 대신 술래가 됩니다.

막대기

준비물: 막대기 　**인원수:** 10~20명

한 어린이가 술래가 되어 막대기를 힘차게 던진 다음 막대기가 떨어진 곳으로 달려가 집어들고 미리 정한 집으로 가져갑니다. 이렇게 술래가 하는 동안 나머지 어린이들은 몸을 숨깁니다. 술래는 집에 서서 막대기를 들고 있다가 숨은 어린이들을 찾습니다. 술래가 한 사람을 찾으면 "나는 막대기를 들고 ○○를 보았지" 하고 외칩니다. 들킨 어린이는 그 자리에서 나와 다른 어린이들이 잡힐 때까지 기다립니다. 어린이들이 모두 잡히면 처음에 잡힌 어린이가 다음 술래가 됩니다. 술래가 집에서 사람을 찾지 못하면 막대기를 집에 놓아두고 사람들을 찾으러 나갑니다. 숨어 있는 어린이가 술래에게 들키지 않고 집으로 가면 그 어린이는 막대기를 잡고 "도망쳐!" 하고 외칩니다. 이렇게 하면 이미 잡힌 어린이들은 모두 도망칠 수 있습니다. 이렇게 모든 어린이들이 도망치게 되면 술래는 다시 해야 합니다. 술래가 집으로 달려가는 어린이를 보고 먼저 집에 있는 막대기로 먼저 달려가면 그 어린이는 잡히게 됩니다.

5-114

노크 세 번

인원수: 10~15명

술래가 된 어린이가 문으로 정한 곳 옆에 서서 문지기가 됩니다. 술래가 눈을 감고 천천히 숫자 1부터 20까지 세는 동안 다른 어린이들은 흩어져서 숨습니다. 술래가 숫자 세기를 마치면 문을 단단히 지키면서 다른 사람을 찾으러 나갑니다. 숨은 어린이들은 들키지 않게 살금살금 문으로 다가갑니다. 그중에서 한 어린이가 문으로 달려가 "하나, 둘, 셋" 하고 외치면서 문을 세 번 두드리면 그 어린이는 안전하게 되어 또 다른 문지기가 됩니다. 술래가 한 어린이를 먼저 발견하면 술래는 문으로 곧바로 달려가 "하나, 둘, 셋" 하고 외칩니다. 이때 숨은 어린이가 술래보다 먼저 문으로 달려가면 그 어린이는 안전합니다. 이렇게 하여 술래에게 잡힌 어린이는 다음번에 문지기(술래)가 됩니다.

5-115

빵과 치즈

인원수: 20~30명

한 어린이가 술래가 되고 나머지 어린이들은 서로 4m 정도 떨어져 원을 만들거나 정방형으로 정렬합니다. 술래는 손님이 되어 원 안으로 들어간 다음 돌아다니다가 한 사람에게 "빵과 치즈 가게가 어디 있나요?"라고 물어보면 질문을 받은 어린이는 가장 멀리 있는 사람을 손으로 지적하면서 "저기요, 그런데 아주 멀어요"라고 대답합니다. 술래가 반대편에 있는 그 어린이에게 가서 같은 질문을 하면, 그 어린이는 다시 반대편에 있는 다른 어린이를 지적하면서 자리를 바꾸어 앉게 되는데 술래도 빈자리로 달려가 앉아야 합니다. 빈자리를 차지하지 못한 어린이가 다시 술래가 됩니다.

5-116

양배추를 심자

모두 함께 손을 잡고 둥글게 서서 노래가 시작되면 한 방향으로 돌다가 "영차 영차"가 나올 때는 발바닥으로 땅을 쿵쿵 두 번 차는데 처음에는 오른발로 두 번, 두 번째는 왼발로 두 번 찹니다. 이번에는 "영차 영차" 때 땅바닥에 무릎을 대고 오른쪽 무릎을 두 번, 왼쪽 무릎을 두 번 칩니다. 세 번째부터는 엿장사 마음대로이지요. 지도자가 팔꿈치라고 부르면 팔꿈치를 땅에 대야 하는데 나중에는 이마, 엉덩이부터 시작해서 코, 귀, 뺨까지 부르면 정신없어 집니다.

빙고

이 노래는 BINGO의 5개의 알파벳을 하나씩 빼고 그 대신 박수를 치면서 즐깁니다. 즉 처음 노래 부를 때에는 BINGO라고 하고, 두 번째 노래 부를 때는 (박수)INGO 하고 부릅니다. 세 번째 부를 때는 BI 대신 박수를 두 번 치고 NGO하는 식으로 하여 마지막에는 박수만 5번 하게 됩니다.

복순이네 어린아이

① 넥타이를 매는 동작을 하세요.

② 아기를 낳고 어르는 모습을 하세요.

③ 두 손을 입에 대고 기침하는 모습을 하세요.

④ 손을 흔들면서 빨리 달리는 시늉을 하세요.

⑤ 오른손을 왼쪽 가슴에 대세요.

⑥ 왼손을 오른쪽 가슴에 대세요.

우리 모두 다같이

각 소절의 끝 부분에 있는 주문들(손뼉 치고, 엉엉 울고, 배고플 때 쪼르륵, 잠잘 때 쿨쿨, 억울할 때 씩씩, 웃길 때 하하 등)을 우스꽝스럽게 몸짓을 합니다.

유럽의
어린이 놀이

5-120

의자 공

준비물: 의자(인원수만큼), 배구공 또는 고무공   **인원수:** 20~30명

술래가 원 안에 들어가 공을 들고 서 있고 다른 어린이들은 의자(또는 방석)를 놓고 둥글게 앉습니다. 의자는 술래를 뺀 나머지 사람들이 앉을 수 있는 숫자만큼 놓아두고 조금씩 띄어 놓습니다. 시작이 되면 술래는 공을 수직으로 높이 던지고 그 순간 어린이들은 의자에서 일어나 다른 의자로 옮겨 앉도록 하

172

는데, 바로 옆 자리에는 앉지 못합니다. 술래는 떨어지는 공을 다시 잡아 아직까지 자리에 앉지 못한 사람을 맞힙니다. 맞은 사람이 다시 술래가 되고, 맞히지 못하면 원래의 술래가 다시 하도록 합니다.

우편배달 아저씨

모두 둥글게 둘러앉고 술래가 우편배달부가 되어 원 밖에 섭니다. 술래에게 손수건(또는 편지봉투)을 하나 주고 원 밖을 어슬렁거리며 돌다가 눈치채지 못하도록 들고 있는 손수건을 한 사람의 등 뒤에 살짝 놓습니다. 그러고는 걸음아 나 살려라 하고 달려가든지 아니면 능청맞게 천천히 걸어 원을 돌아 수건을 놓은 자리로 돌아옵니다. 반면에 등 뒤에 수건이 놓인 사람은 손으로 등 뒤를 더듬다가 손수건이 잡히면 즉시 그 자리에서 일어나 술래(우편배달부)가 달

새 빨 간 새 빨 간 자 전 거 를 타 고
어 영 차 어 영 차 우 편 배 달 아 저 씨
아 이 쿠 아 이 쿠 편 지 가 떨 어 졌 네
자 어 서 자 어 서 편 지 찾 아 가 세 요

174

리고 있는 반대 방향으로 달려가 제자리로 다시 돌아와야 하는데 술래보다 늦으면 그 사람이 새 술래가 되어 계속하게 됩니다. 수건 대신 편지봉투를 사용한다는 것 외에는 우리나라의 수건돌리기와 똑같은 놀이입니다.

동동다리

브리지 놀이와 게이트 놀이의 대표격인 런던다리를 동동다리로 번역한 노래 놀이입니다. 두 어린이가 손을 마주잡고 높이 들어 다리를 만듭니다. 두 사람은 귓속말로 암호를 정하는데, 예를 들어 한 사람이 '빨강'이 되면 다른 사람은 '파랑'이 됩니다(이와 같이 두 사람은 토끼와 거북이라든가, 콩쥐와 팥쥐 중에서 하나씩 택하도록 합니다). 노래가 시작되면 어린이들은 다리 아래로 빠져 나가는데 노래가 마쳐지는 부분인 "두둥"에서는 다리가 된 두 사람이 손을 재빨리 내려서 다리 아래로 빠져 나가는 사람을 잡습니다. 두 사람은 잡힌 사람에게 빨강이나 파랑 중 하나를 택하도록 합니다(마찬가지로 토끼와 거북이, 콩지와 팥쥐 중에서 등). 잡힌 사람이 하나를 택하면 그에 해당하는 사람의 등 뒤로 가서 섭니다. 암호를 매번 바꾸어서 같은 방법으로 계속 하다 보면 줄은 계속 늘어나겠지만 두 줄의 사람 수

176

가 같지는 않게 됩니다.

　모든 사람들이 잡히게 되면 마지막으로 앞사람의 허리를 꽉 잡고 인간 줄을 만들어서 줄다리기를 합니다. 줄이 끊어지거나 상대편으로 끌려가는 모둠은 지게 됩니다.

5-123

누구지

준비물: 눈가리개 **인원수:** 15~30명

놀이터에 원을 그리고 그 중앙에 술래가 들어가 눈을 가린 다음 그 자리에서 세 바퀴를 돌도록 합니다. 시작하면 술래는 다른 사람들을 잡으러 돌아다니고 어린이들은 잡히지 않으려고 도망칩니다. 이때 잡힐 위험을 무릅쓰고 술래를 간지럼 태우거나 손을 잡거나 또는 귀에 대고 속삭일 수도 있습니다. 술래가 한 사람을 잡으면 술래는 얼굴을 더듬어서 그가 누구인지 알아맞혀야 합니다. 일단 잡힌 사람은 다시 도망갈 수 없으며, 술래가 누구인지 알아맞히면 술래가 바뀌고 맞히지 못하면 술래를 계속해야 합니다. 원의 크기는 참가 인원에 따라 적당하게 그리되 조금 좁은 느낌이 들 정도의 크기가 적당합니다.

커다란 꿀밤나무 밑에서

① 양손으로 꿀밤나무를 껴안은 모습을 하세요. ② 양손을 어깨 위에 대었다가 머리 위로 옮겨서 다시 만세를 외치듯이 손을 위로 뻗고, ③ 오른손으로 옆 사람을 가리키세요. ④ 오른손을 옮겨 자신을 가리키고, ⑤ 오른손과 왼손을 차례로 가슴에 대고, ⑥ 양손을 입에 대고 왼쪽, 오른쪽으로 고개를 돌리면서 노래하듯이 하십시오.

그래 그래서

지도자는 2단까지는 독창을 하면서 동물 이름을 계속 바꾸어 부르면 어린이들은 지도자가 지명한 동물 울음소리를 내도록 합니다. 지도자만 하지 말고 어린이들이 돌아가면서 독창을 할 수 있도록 하십시오. 울음소리가 모호한 동물 이름이 나오면 엉뚱한 울음소리가 나올 것이고 이 때문에 온통 웃음바다로 흠뻑 젖어들게 됩니다. 이 밖에도 두 모둠으로 나누어 겨룰 수 있지요.

박첨지는 밭있어 그래 그래 서 그
밭에 오리 (돼지) 있거든 그래 그래 서 예서
꽥꽥 또제서 (꿀꿀) 꽥꽥 거려 (꿀꿀) 예서꽥제서꽥 (꿀) 예서제서꽥꽥 (꿀) (꿀꿀)
박첨지는 밭있어 그래 그래 서

맹꽁이

이 노래는 4부 돌림노래로 부르면 멋진 화음을 만들어낼 수 있습니다. 처음 부를 때는 '맹'자를 빼고, 두 번째 부를 때에는 '꽁'자를 빼고, 세 번째에는 '맹꽁'을 모두 빼고 불러봅시다. 결국 마지막에는 첫 줄만 노래 부르는 격이 되는데 이 기회를 이용하여 지도자는 멋지게 한 마디 풀어보세요.

5-127

염소지기

준비물: 조약돌   **인원수:** 10~15명

술래는 염소지기가 되어 조약돌 몇 개를 자기 옆에 놓아두고 잠자는 척 하고 누워 있습니다. 조약돌은 염소지기가 지키는 염소들이랍니다. 어린이들은 염소지기가 잠든 사이에 살금살금 다가가 조약돌을 훔치는데 염소지기는 어린이들이 염소를 잡아가지 못하도록 들고 있는 나팔(또는 호루라기)을 가지고 붑니다. 한 어린이가 조약돌을 잡을 때 염소지기가 나팔을 불면 그 어린이는 잡히게 됩니다. 하지만 염소지기가 나팔을 불기 전에 조약돌을 훔치면 빼앗기게 됩니다. 염소지기에게 잡힌 어린이는 다음 판에 술래가 됩니다.

5-128

쥐꼬리

인원수: 15~20명

어린이들이 운동장에 흩어져 눈을 감고 서 있습니다. 지도자가 운동장을 돌아다니다가 다가가서 살짝 건드린 어린이가 쥐(술래)가 됩니다. 시작이 되면 모든 어린이들은 눈을 뜨고 음악에 맞추어 춤을 추는데 갑자기 쥐가 독특한 몸짓을 합니다. 쥐가 이 동작을 계속하는 동안 쥐를 찾은 어린이들은 술래 뒤에 서서 동작을 따라 합니다. 쥐 뒤에 6명 이상이 있으면 동작을 멈추고 다리를 벌립니다. 그러면 쥐 뒤에 줄을 서 있는 어린이들은 이를 따라합니다. 줄을 서 있는 어린이들 외에 다른 어린이들은 다리 사이를 통과해야 합니다. 이렇게 술래를 바꾸어서 다시 해봅시다.

5-129

하나 둘 셋

인원수: 10명 내외

술래가 원 중앙에 서고 어린이들은 큰 원을 그리고 정렬한 다음 하나, 둘, 셋을 반복하여 각자 번호를 갖도록 합니다. 놀이는 술래가 하나, 둘, 셋 중에서 번호를 하나 외치는 것으로 시작됩니다. 예를 들어 술래가 "둘"이라고 외치면 둘에 해당되는 어린이들은 모두 시계 반대 방향으로 달려가 원래 있던 자리로 돌아와야 합니다. 그러면서 바로 앞의 어린이를 손으로 쳐야 합니다. 잡힌 어린이는 즉시 "잡혔다" 하고 외쳐야 하며 그가 다시 술래가 되어 계속합니다.

　이 놀이는 다른 방법으로도 할 수 있는데 술래가 1번을 외치면 1번 어린이들이 시계 반대 방향으로 달려가 제자리로 돌아오기 전에 3번을 외칩니다. 이렇게 하면 훨씬 더 복잡해지지요.

5-130

검은 고양이

인원수: 15~20명

술래가 검은 고양이가 되어 운동장 한편에 서 있습니다. 다른 어린이들은 쥐가 되어 반대편에서 술래와 떨어져 마주보고 섭니다. 쥐들은 꼬리를 가지고 있습니다(쥐꼬리는 줄넘기 줄을 뒤춤에 묶어서 만듭니다). 검은 고양이(술래)가 "너희들 고양이가 무섭지?" 하고 외치면 쥐들은 모두 함께 "아니!" 하고 외칩니다. 술래가 "간다!" 하고 쥐를 잡으러 뛰면, 쥐들은 반대쪽 선을 향해 달려가는데 꼬리가 고양이에게 밟히지 않도록 조심합니다. 이렇게 하여 고양이에게 잡힌 쥐가 고양이가 되어서 다시 합니다.

5-131

낚시

인원수: 20~30명

두 어린이가 양손을 잡고 그물을 만든 다음 다른 어린이(고기)들을 그물로 잡습니다. 한 어린이를 잡으면 잡힌 어린이도 그물이 되어서 다른 사람들을 잡습니다. 다시 한 어린이를 잡으면 먼저 잡힌 어린이와 손을 잡고 두 사람이 다른 그물이 됩니다. 그러니까 2개의 그물이 되는 거지요. 이렇게 하여 모든 사람을 잡을 때까지 계속합니다. 놀이터가 너무 크면 잡기가 곤란하므로 인원수에 따라 놀이구역의 크기를 정하여 선으로 그어 놓으십시오.

요새 공

준비물: 배구공 2개   **인원수:** 30∼60명

놀이터를 세 구역으로 나누어서 각각 한 모둠씩 차지합니다. 가운데 구역은
요새이며, 양쪽 구역 어린이들은 공을 가지고 요새를 공격합니다. 요새 안에
들어가 있는 어린이들은 날아오는 공을 결사적으로 피해 맞지 않도록 하며,
공을 던지는 어린이들은 안전을 위해 허리 아래 부분을 맞히도록 하십시오.
몸통에 맞으면 안전합니다. 공에 맞은 어린이는 양쪽 구역으로 가서 이제는
공을 던져 요새 안에 남아 있는 어린이들을 맞춥니다. 시간을 정하여 세 모
둠이 돌아가면서 해보고 어느 모둠이 가장 많이 살아남는지 겨루어봅시다.

〈가〉 모둠	〈나〉 모둠	〈다〉 모둠
○ ○ ○	● ● ●	□ □ □
○ ○	요새	
	● ●	□ □
○ ○		
○	● ●	□
	●	□
		□

세 단어 노래하기

인원수: 10명 내외

모두 함께 부를 수 있는 노래를 돌아가면서 부릅니다. 노래를 정하여 한 어린이가 시작하면 처음의 세 단어만 부릅니다. 산토끼를 예로 들면, 처음 어린이가 "산토끼" 하고 부르면, 두 번째 어린이가 곧바로 이를 받아서 "토끼야", 세 번째 어린이가 "어디를", 네 번째는 "가느냐", 다섯 번째는 "깡충깡", 여섯 번째는 "충 뛰면", 일곱 번째는 "서 어디", 여덟 번째는 "를 가느", 마지막으로 아홉 번째는 "냐~" 하는 식입니다. 간단해 보이지만 박자를 맞추어서 하는 것이 쉽지 않답니다.

5-134

종이 킴즈

준비물: 종이(창호지, 신문지, 코팅지 등 지질이 다른 10~15가지) **인원수:** 10~30명

보이스카우트, 걸스카우트 단원들이 즐기는 킴즈 놀이는 여러 가지 물건들을 짧은 시간 내에 보여주거나 눈을 가리고 만져 보게 한 다음 그 물건의 이름을 알아맞히는 놀이입니다. 덴마크식 종이 킴즈 놀이는 10~15가지 종류의 종이들을 책상 위에 놓아두고 보자기로 덮어 놓습니다. 그런 다음 사람들이 보는 앞에서 보자기를 살짝 벗겨 5초 동안 보여 주고 다시 덮으면 사람들은 어떤 종류의 종이가 들어 있는지를 기억을 더듬어서 알아 맞혀야 합니다. 이 밖에도 어린이들이 눈을 가리고 종이들을 일일이 만져보고 어떤 종이인지를 알아맞혀 보도록 할 수도 있습니다.

5-135

괴물의 머리

인원수: 20~30명

땅바닥에 괴물의 머리를 그려 넣은 큰 원을 그립니다. 괴물은 큰 코와 귀, 뾰쪽한 이마와 날카로운 큰 이빨을 가지고 있습니다. 어린이들은 원 밖에 둘러서고 지도자가 크게 괴물 소리를 내면 모든 어린이들은 서로 밀고 당겨서 원안으로 집어넣도록 합니다. 어린이들은 양손을 가슴에 대고 있는 상태에서 다른 친구들을 밀어 원 안으로 넣습니다. 원 안으로 밀려들어 가거나 선을 밟은 어린이는 괴물에게 잡혀서 원 안으로 들어가 있습니다. 이렇게 하여 누가 마지막까지 살아남는지 겨루어보세요.

5-136

미친 원

인원수: 8~10명

술래를 제외한 나머지 어린이들은 손을 잡은 상태에서 몸을 뒤로 젖혀서 최대한 큰 원을 만듭니다. 술래가 원 중앙에 들어간 다음 시작이 되면 어린이들은 큰 원을 유지한 상태에서 원을 움직여서 술래를 잡습니다. 어린이들 간에 협동이 잘 이루어져야 술래를 잡을 수 있습니다. 술래를 잡은 어린이가 새 술래가 되어서 다시 시작합니다.

5-137

레스토랑

인원수: 10~15명

둥글게 둘러앉아 각자 레스토랑에 있는 음식을 한 가지씩 가집니다. 한 어린이가 원 중앙에 서서 레스토랑에 관한 이야기를 하면서 레스토랑과 레스토랑에 있는 음식물들을 말합니다. 술래가 레스토랑을 말하면 모든 사람들은 박수를 치고 우유, 빵, 커피, 후추 등과 같은 단어를 말하고 그에 해당하는 어린이만 손뼉을 칩니다. 손뼉을 쳐야 할 때 치지 못하거나 아무 때나 손뼉을 친 어린이는 벌칙을 받게 되니까 조심하세요.

이 놀이는 참가자들에게 한식, 양식, 일식, 중식을 돌아가면서 하나씩 정해 주고 한 사람이 나와 맛깔스럽게 음식 이야기를 하면 그에 해당하는 사람만이 박수를 치면서 즐길 수 있습니다. 예를 들어 이야기꾼이 말하는 중에 자장면이 나오면 중식에 해당하는 사람들만이 박수를 치는 식입니다. 소금과 같은 양념을 말하면 모든 사람들이 박수를 쳐야 하지요. 이런 식으로 즐겨보세요.

고백

인원수: 5~15명

자원하는 사람을 앞으로 나오게 하여 등을 돌리고 서 있도록 합니다. 지도자가 술래에게 질문을 하는데 술래는 "예", "아니요" 또는 "한 번" 또는 "절대로"만 대답할 수 있습니다. 지도자는 질문의 일부분만 하고 나머지는 다른 어린이들만 볼 수 있도록 몸짓으로 합니다. 예를 들면 "당신은 이것을 매일 합니까?"라고 말하면서 두 손으로 얼굴을 비비면서 세수하는 흉내를 낸다거나, "당신은 이것을 얼마나 합니까?"라고 물으면서 화장실에서 대변을 보고 밑을 닦는 시늉을 합니다. 그러면 술래는 4가지 대답 중에서 한 가지만 대답합니다. 이렇게 모든 어린이들이 돌아가면서 한 번씩 해봅시다.

5-139

고리 찾기

준비물: 고리, 동전, 또는 단추　**인원수:** 10~15명

술래 한 사람을 방 밖으로 잠시 나가 있도록 한 다음 고리, 동전, 또는 단추와 같이 작은 물건을 방 한구석에 깊이 숨겨둡니다. 그런 다음 술래를 다시 방 안으로 들어오도록 하고 그 작은 물건을 찾도록 합니다. 어린이들은 술래를 골탕 먹이는 것이 아니라 빨리 찾을 수 있도록 다음과 같이 도와주세요. 술래가 숨겨진 물건에 가까이 가면 "따뜻해!"라고 말해주고, 다른 방향으로 가면 "물"이라고 말해 주어서 알려줍니다. 갈수록 멀리 가면 "물, 물, 물에 빠져"라고 알려 주세요. 점점 가까이 다가가면 "따뜻해, 따뜻해, 탄다. 탄다" 하고 알려 줍니다. 그러다가 술래가 숨겨 놓은 물건을 찾으면 "탔다"라고 알려줍니다. 이렇게 하여 술래를 바꾸어 다시 해보세요.

5-140

돌 맞히기

준비물: 직경 10cm 정도 되는 둥근 돌멩이와 넓적한 돌멩이 9개씩(인원수만큼)

인원수: 3~5명

어린이들은 각자 직경 10cm 정도 되는 둥근 돌멩이와 넓적한 돌멩이를 각각 9개씩 구해옵니다. 땅바닥에 선을 긋고 5m 전방에 넓적한 돌을 놓고 그 위에 둥근 돌을 얹어 놓습니다. 이렇게 18개를 모두 놓으면 첫 번째 어린이부터 자기가 가진 돌을 던져서 위에 얹어 놓은 둥근 돌을 맞혀 떨어뜨립니다. 돌 9개를 모두 던지면 몇 개를 맞혔는지 알아보고 다시 자기 돌을 놓습니다. 이렇게 하면서 누가 제일 많이 맞히는지 겨루어봅시다.

5-141

집시

인원수: 15~20명

어린이들이 손을 잡고 둥글게 둘러서서 움직이는 원 안에 집시가 된 술래가 들어가 앉습니다. 어린이들이 다음과 같은 노래를 부르면 술래는 이를 따라 합니다. "한 시에 집시는 자고, 두 시에 집시는 자고, 세 시에 집시는 자고…" 이렇게 일곱 시까지 노래를 부릅니다. 그런 다음 노래가 달라지는데 "여덟 시에 집시가 일어나서, 아홉 시에 옷을 입고, 열 시에 세수를 하고 열한 시에 집시는 떠나는데, 열두 시에 집시는 달려 간다"라고 합니다. 그 말이 끝나자마자 손을 풀고 아무 방향으로 도망치면 집시가 잡으러 갑니다. 술래에게 잡힌 어린이가 다시 술래가 됩니다.

5-142

달과 새벽별

인원수: 10~15명

스페인 어린이들이 해가 뜬 맑은 날 그림자가 드리운 나무나 집 근처에서 즐기는 놀이입니다. 한 어린이가 달이 되어 큰 나무 밑이나 집 근처의 응달진 곳에 들어갑니다. 달은 어두운 곳에서 살기 때문이지요. 그러므로 달은 햇빛이 드는 곳으로는 갈 수가 없습니다. 다른 어린이들은 새벽별이 되고 햇살이 드리운 곳에서 춤을 춥니다. 그러다가 가끔 응달 속으로 들어가 다음과 같은 내용의 노래를 부릅니다.

"밝은 달과 새벽별들아/ 밝은 달과 새벽별들아/햇살이 빛난다. 함께 춤추며 놀자/누가 어둠을 무서워할까?"라고 달을 약 올립니다. 달이 새벽별을 손으로 치면 잡히게 되고 잡힌 어린이가 술래가 됩니다.

훌랄라

① 양손으로 무릎을 두 번 치고 ② 박수 두 번 ③ 양손을 위로 아래로 두 번 엇 갈려서 흔들고 ④ 주먹을 쥐고 위로 아래로 엇갈려서 두번 콩콩 치고 ⑤ 두 손 을 흔들면서 춤을 춥니다. 이렇게 두 번을 반복한 다음, 마지막 "라라라"에 서는 춤을 추지 말고 두 사람씩 마주보고 서서 왼손을 번쩍 든 상태에서 잡고 오른손으로는 가위바위보를 합니다. 이긴 사람들에게는 자기 짝을 골탕 먹

일 수 있는 짜릿한 기회를 한 가지씩 주십시오. 그 기회란 것은 자기 짝을 코를 손으로 180도 짜는 일, 양쪽 귀를 붙잡고 흔드는 일 등도 있지만 살며시 포옹해주기, 오른쪽 뺨에 뽀뽀하기 등 행복한 기회도 주어집니다.

5-144

인사 나누기

인원수: 15~20명

모두 둥글게 둘러서서 손을 잡습니다. 한 어린이가 술래가 되어 원 밖을 돌다가 한 어린이의 어깨를 치면 그 어린이는 술래와 반대 방향으로 달려갑니다. 두 어린이가 만나면 그 자리에 서서 인사를 나눕니다. 남자 어린이는 세 번 절을 하고, 여자 어린이는 세 번 정중하게 인사를 합니다. 인사를 마치면 두 어린이는 먼저 빈자리를 차지하려고 다시 반대 방향으로 달려갑니다. 자리를 차지하지 못한 어린이가 술래가 되어 계속합니다.

5-145

나무 매

인원수: 15~20명

술래 한 사람이 매가 되고 나머지 어린이들은 흩어져 근처에 있는 나무에 손을 대고 있습니다. 어린이들 중에 두 사람이 술래가 눈치채지 못하도록 눈을 깜빡여서 신호를 주고받습니다. 그런 다음 두 어린이는 잽싸게 뛰어 나무를 바꾸어서 잡습니다. 이때 매(술래)는 빈 나무를 향해 달려가 먼저 손으로 치거나 빈 나무에 먼저 도달합니다. 이렇게 하여 술래에게 잡히거나 빈 나무를 차지하지 못한 어린이는 새 술래가 됩니다. 술래가 늦으면 다시 하면서 놀이를 이어갑니다. 두 어린이만이 움직이지 않고 여러 어린이들이 동시다발적으로 자리를 바꾸어도 됩니다.

5-146

가랑이 통과

인원수: 20~30명

술래를 2~4명 정하고 나머지 어린이들은 놀이구역에 흩어져 있습니다. 시작이 되면 술래들은 도망치는 어린이들을 쫓아가서 잡습니다. 이렇게 하여 술래에게 잡힌 어린이는 그 자리에 양발을 벌리고 서 있습니다. 살아 있는 어린이가 도망치면서 붙잡힌 어린이의 가랑이 사이를 통과하면 그 어린이는 다시 살아나서 도망칠 수 있습니다. 이렇게 하여 모든 어린이들이 잡힐 때까지 하고 술래를 바꾸어서 다시 합니다. 인원수에 따라 놀이구역의 크기를 정하고 놀이구역을 벗어난 어린이는 죽게 됩니다.

다른 나라에서는?

세계의 여러 나라 어린이들이 '가랑이 통과'와 똑같은 놀이를 하고 있습니다. 예를 들면 '진흙탕에 빠지다(영국)', '다리 치기(독일)', '스머프 치기(미국)'가 있으며, 루마니아, 덴마크, 체코슬로바키아 어린이들도 같은 놀이를 즐깁니다.

막대기 사냥꾼

준비물: 막대기 3개   **인원수:** 20명 내외

3명에게 막대기를 하나씩 나누어주고 나머지 어린이들 중에서 한 어린이가 사냥꾼이 됩니다. 시작이 되면 사냥꾼은 어린이들을 잡으러 다니는데 막대기를 들고 있는 어린이는 잡을 수 없습니다. 어린이들은 도망치다가 사냥꾼에 잡힐 것 같은 순간에 막대기를 잡으면 죽지 않습니다. 그런데 한 어린이만 막대기를 잡을 수 있으므로, 먼저 잡고 있던 어린이는 도망쳐야 합니다. 사냥꾼에게 잡힌 어린이는 사냥꾼 편이 되어서 "나는 새 사냥꾼이다!" 외치고 사냥에 나섭니다.

무뚝뚝한 곰

곰이 된 술래가 둥글게 둘러선 원 안으로 들어가 앉습니다. 노래가 시작되고 사람들이 빙빙 돌아가면 원 중앙에 앉아 있는 곰은 쿨쿨 자는 시늉을 하고 있습니다.

"잠자고 있어요 쿨쿨…"에서 사람들은 손을 잡고 있는 상태에서 원을 좁혀 곰에게 다가갑니다. 노래가 끝나는 순간 곰은 벌떡 일어나 사람들을 쫓아가 손으로 쳐서 잡습니다. 물론 사람들은 곰에게 잡히지 않도록 줄행랑쳐야 합니다. 이때 잡힌 어린이는 또 한 마리의 곰이 되어 원 안에 들어가 앉습니다. 결국 두 마리의 곰이 원 안에 앉아 있고 다시 같은 방법으로 계속하여서 마지막까지 살아남은 어린이를 가려봅시다.

뱀 새끼치기

인원수: 20~30명

술래 2명을 제외한 모든 어린이들은 놀이구역으로 흩어집니다. 시작이 되면 술래 2명은 뱀이 되어 손을 잡고 뛰어다니면서 어린이들을 잡습니다. 잡힌 어린이는 뱀이 되어, 3명이 같이 손을 잡고 사냥에 나섭니다. 두 번째 어린이가 잡혀 술래가 네 사람이 되면 둘씩 갈라집니다. 이렇게 하여 모든 어린이들을 잡을 때까지 계속하다가 처음에 잡힌 두 사람이 새 술래가 되어 다시 시작합니다.

5-150

게 축구

준비물: 축구공, 안전 콘 4개(골대용)   **인원수:** 20명 내외

두 손과 두 발을 땅에 댄 상태에서 발과 손으로 공을 차는 것 외에 축구와 규칙이 같습니다. 골대는 폭이 2~3m 정도이고 골키퍼는 손만 사용할 수 있습니다.

골 스코틀랜드

준비물: 축구공, 안전 콘 2개   **인원수:** 3명

두 어린이는 출발선에 서고 나머지 한 어린이가 골키퍼가 되어서 반대편에
안전 콘 2개로 골문을 만들고 섭니다. 시작이 되면 두 어린이는 골대를 향해
공을 드리블 하면서 다가갑니다. 공을 드리블 하던 어린이가 "슛" 하고 외치
면서 공을 다른 어린이에게 패스하면 그 어린이는 더 이상 드리블을 할 수 없
고 곧바로 슈팅을 해야 합니다. 이렇게 하여 골인이 되면 두 어린이는 각각
1점씩 얻게 되고, 실패하면 골키퍼는 곧바로 달려가서 두 어린이가 출발선
을 지나기 전에 쳐야 합니다. 잡힌 어린이와 골키퍼는 역할을 바꾸어서 하게
되고, 잡지 못하면 처음부터 다시 합니다.

5-152

순라꾼

인원수: 10~15명

깜깜한 밤중에 하는 놀이입니다. 술래가 잠시 방에서 나가 있는 동안 어린이들은 각자 자기 번호를 가지고 숨을 곳을 찾아 몸을 숨깁니다. 술래가 다시 방으로 돌아와 방울종을 '땡' 치면서 "시계가 한 번 쳤다!"라고 외칩니다. 번호가 1번인 어린이는 동물 울음소리를 내야 합니다. 그러면 술래는 그 어린이가 누구인지 알아맞혀야 합니다. 맞히지 못하면 술래는 소리가 난 곳으로 다가가서 그 사람을 잡습니다. 그 어린이는 일단 동물 울음소리를 내고 나면 그 자리에서 움직일 수가 없습니다. 술래가 이름을 맞히거나 잡으면 방울종을 두 번 흔들면서 "시계가 두 시를 알립니다!"라고 말합니다. 2번인 어린이는 다시 동물의 울음소리를 냅니다. 술래가 그 어린이가 누구인지 알아맞히거나 그를 잡으면 그 어린이는 다음 판에서 술래가 됩니다.

오리는 꽈악꽈악(민요)

"오리는 꽈악꽈악"에서는 두 손바닥을 맞대고 꼬아서 입에 대고 주둥이처럼 폈다 다물었다 합니다. "염소는 음매"에서는 염소 턱에 난 수염을 두 손으로 번갈아 쓰다듬습니다. "돼지는 꿀꿀"은 엄지와 검지 끝을 모아 동그랗게 하여 콧구멍 앞에 대고 커다란 돼지코를 만듭니다. "소는 음매"에서는 검지를 세워 소뿔을 만듭니다.

이 노래는 돌림노래로서 네 모둠으로 나누어 두 소절씩 늦추어 부르면 훌륭한 동물농장 소리를 듣게 됩니다.

멋쟁이 이리

술래는 이리가 되어 1열 횡대로 손을 잡고 늘어선 어린이들 앞에 섭니다. 어린이들은 '멋쟁이 이리' 노래를 부르면서 이리(술래)에게 다가가면 이리가 말하기를 "지금 막 밖에 나가려는 참이야. 그래서 지금 바지를 입고 있지" 하면서 바지를 입는 시늉을 합니다. 이때 술래는 그 자리를 움직일 수 없습니다. 사람들은 다시 이리에게 바짝 다가가면서 이렇게 노래로 물어봅니다.

이리 왈,

1. "지금 넥타이를 매고 있지요."
2. "지금 구두를 신고 있지요."
3. "지금 양말을 신고 있지요."
4. "지금 외투를 입고 있지요."

하는 식으로 대답하다가는 "으앙, 잡아먹자!" 하고 외치면서 와락 달려들어 사람들 중 한 사람을 붙잡습니다. 붙잡힌 사람은 새 술래가 되어 다시 합니다.

종달새

어린이들 모두가 원대형으로 둘러앉고 한 사람이 주장이 됩니다. 노래 중에 솔로 부분을 주장이 부르면서 몸짓을 하면 나머지 어린이들은 이를 따라 합니다. 이 노래 놀이는 주장의 분위기에 따라 크게 좌우되므로 주장은 엉뚱하고 재치 있는 동작을 취하도록 하십시오. 그리고 주장은 계속 바꾸어서 모두가 한 번쯤은 해볼 수 있도록 합니다.

오세아니아의
어린이 놀이

오픈 볼

준비물: 배구공, 안전 콘 4개(골대용)　**인원수:** 20명 내외

두 모둠으로 나누고 각자 자기 진영으로 들어갑니다. 중앙선에서 점프볼로 시작하고 공을 잡은 사람은 공을 손으로 치거나 발로 차서 토스할 수 있습니다. 그리고 상대방에게 잡히기 전까지 공을 잡고 달릴 수 있습니다. 잡힌 어린이는 뒤돌아보지 않고 공을 즉시 머리 위로 백패스를 해야 합니다. 그 공을 잡은 어린이는 상대방 진영을 향해 돌진합니다. 바닥에 닿지 않은 공을 잡은 어린이는 그 자리에서 골문을 향해 자유투를 던지거나 공을 찰 수 있습니다. 골문 안으로 골을 넣으면 1점을 얻습니다. 이렇게 하여 많은 점수를 얻은 모둠이 승리합니다.

쌍 지팡이

준비물 : 막대기(직경 2cm, 길이 1~1.2m 정도)를 인원수만큼   **인원수:** 10~30명

뉴질랜드의 마오리족들이 함께 노래를 부르며 즐기는 놀이입니다. 사람들은 양손에 막대기를 하나씩 들고 땅바닥에 세웁니다. 막대기의 크기는 동일한 것이 좋습니다. 두 사람씩 마주보고 서서 막대기로 땅이나 마룻바닥을 툭툭 치면서 서서히 시작합니다. 참가자들이 리듬에 익숙해지면 점점 빠르고 복잡하게 막대기를 치면서 레퍼토리를 늘려갑니다.

이제 신명 나게 협연을 해봅시다. 여럿이 둘러 모여 막대기로 바닥을 치면서 막대기를 바닥에 댄 상태로 옆 사람의 막대기와 부딪혀 소리를 내 보는 것입니다. 친구들과 함께 신 나는 리듬을 만드는 재미가 보통이 아닙니다. 두 사람이 막대기를 던져서 맞바꾸기, 제자리 돌기 등과 같은 묘기들을 개발해 보세요. 어린이들은 모두 리듬에 맞추어 독특하게 표현하면서 혼연일체가 되는 공동체 정신을 맛보는 감격을 누리게 될 것입니다.

5-158

공차기

준비물: 공　**인원수:** 3명

세 어린이가 출발선에 정렬합니다. 7~8m 전방에 직경 10cm 정도의 통나무를 세워놓고 약 1m 떨어진 곳에 공을 놓아둡니다. 지도자가 시작 신호를 알리면 세 어린이들은 공을 향해 달려가 발로 찹니다. 제일 먼저 공을 잡은 어린이가 공격자가 되고 나머지 두 어린이는 수비가 되어 공격자가 찬 공이 통나무에 맞지 않도록 지켜야 합니다. 공격자는 슈팅을 한 번만 할 수 있는데 성공하면 1점을 얻고 보너스로 페널티킥을 할 수 있습니다. 3m 거리에서 공을 차 통나무를 맞히면 1점을 더 얻게 됩니다. 실패하면 처음부터 다시 합니다.

구슬놀이

인원수: 2명

두 어린이가 3m가량 떨어져서 마주보고 앉아 발 앞에 구슬을 한 줌 내려놓고 교대로 자기 구슬을 굴려 상대방의 구슬을 맞힙니다. 구슬을 맞히면 그 사람이 구슬을 가져가 자기 발 앞에 갖다 놓고, 맞히지 못하면 그 구슬은 그 자리에 그대로 놓아둡니다. 상대방 구슬이 많아지는 만큼 맞히기가 쉬워지고, 구슬이 몇 개 남지 않으면 점점 더 맞히기가 어려워집니다. 이렇게 하여 먼저 상대방의 구슬을 모두 맞혀서 가져간 어린이가 이깁니다.

5-160

마누마누(작은 새)

준비물: 베니어판(가로, 세로 각 1m 정도), 지팡이   **인원수:** 10~15명

한 어린이가 긴 나무판자 위에 서 있고, 친구들이 그 나무판자를 땅바닥에서 들어올려 이곳저곳을 돌아다닙니다. 나무판자 위에 올라가 있는 어린이는 기다란 나무지팡이로 균형을 유지하면서 움직이는 나무판자 위에서 신 나게 춤을 춥니다. 이렇게 마누마누란 작은 새가 되어 한바탕 춤을 추고 나면, 다른 친구들이 다시 합니다.

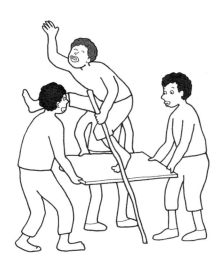

에바네나

인원수: 20〜30명

어린이들이 두 줄로 정렬하여 마주보고 서서 손을 잡고 통로를 만듭니다. 한 어린이가 열 맨 끝의 두 사람이 붙잡고 있는 손 위로 올라가서 동료들의 팔을 밟고 열 맨 앞으로 조심스럽게 걸어갑니다. 이렇게 하여 모든 어린이들이 한 번씩 마칠 때까지 계속합니다.

인디언
어린이 놀이

5-162

동물 걸음 이어달리기

인원수: 10~30명

모둠별로 이어달리기 대형을 만들어 출발선에 정렬합니다. 열 첫 번째 사람은 곰이 되는데, 시작하면 손과 발을 모두 땅에 대고 기어서 반환점을 돌아옵니다. 두 번째 사람은 게가 되어 누운 자세로 손과 발을 땅에 대고 기어갑니다. 세 번째 사람은 개구리가 되어 손과 발을 대고 팔딱팔딱 뛰어서 돌아옵니다. 네 번째 사람은 애벌레가 되어 땅에 엎드려 기어서 반환점을 돌아옵니다.

5-163

고리 던지기

준비물: 막대기(길이 50cm 정도)   **인원수:** 10~30명

모둠별로 막대기 2개와 고리를 하나씩 나누어 줍니다(고리는 20cm 정도의 두꺼운 밧줄을 테이프로 이어서 만듭니다). 첫 번째 사람이 링을 하늘 높이 앞으로 던지고 달려가 들고 있는 막대기에 뀁니다. 이렇게 앞으로 전진하여 반환점을 돌아와 다음 사람과 교대합니다. 링을 막대기에 꿰지 못하면 던진 자리로 돌아가서 다시 합니다.

223

5-164

막대기 훔치기

준비물: 눈가리개, 막대기 2개   **인원수:** 5~10명

술래가 된 어린이가 눈가리개를 하고 직경 1m의 원 중앙에 무릎을 꿇고 앉습니다. 술래의 무릎 앞에는 2개의 막대기를 놓아둡니다. 한 사람씩 살금살금 나와서 막대기 한 개를 살짝 훔쳐가면 술래는 손으로 쳐서 잡아야 합니다. 막대기를 훔친 어린이는 새 술래가 되어서 다시 해봅시다.

5-165

잭스

준비물: 조약돌 5개, 직경 1cm 정도   **인원수:** 2~10명

먼저 납작한 조약돌을 5개 준비하고 순서를 정하여 한 사람씩 시작합니다. 먼저 조약돌 1개를 공중으로 던져 땅에 떨어지기 전에 받습니다. 성공하면 2개를 던져서 받고 같은 방법으로 3개, 4개, 5개를 동시에 던져서 받습니다. 받지 못하면 다음 사람이 같은 방법으로 계속하도록 합시다. 이 놀이는 개인 별로 하거나 모둠을 나누어서 즐길 수 있습니다. 이 놀이는 우리나라 공기놀이와 같은 놀이입니다. 공기놀이는 돌을 공중에 띄워 떨어지는 돌 하나를, 바닥에 흩어진 나머지 돌들을 주운 다음 손바닥으로 받는 것인데 그에 비해서는 아주 쉽고 단순한 놀이입니다.

5-166

코요테 놀이

인원수: 10명 내외

공격자가 코요테가 되고 다른 어린이들은 공격자 앞에서 앞 사람의 허리를 잡고 섭니다. 열 맨 앞 사람(수비자)은 혼자 떨어져 있으면서 코요테가 허리를 잡고 있는 사람들을 잡지 못하도록 막아야 합니다. 시작이 되면 코요테는 공격을 하고 수비자는 코요테를 따라다니며 손을 벌려서 막습니다. 코요테가 어느 사람을 손으로 치면 그 사람은 놀이터에서 잠시 나가 있습니다. 이와 같은 방법으로 어린이들은 도망치고 코요테는 잡으려고 뛰어다니는데 수비는 코요테를 계속 막습니다. 코요테는 반드시 열 맨 뒷사람만 잡을 필요는 없습니다.

자치기

준비물: 어미자(길이 50cm, 직경 3~4cm), 새끼자(길이 10~15cm)　　**인원수:** 6~10명

미국의 인디언 어린이들도 자치기를 합니다. 한 어린이가 타석에서 양손에 각각 작은 자와 큰 자(막대기)를 들고 있다가 작은 자를 공중에 던져서 내려오는 것을 큰 자로 칩니다. 다른 어린이들은 날아오는 작은 자를 공중에서 잡거나, 잡아서 타자에게 던져 맞히면 그 어린이가 대신 타자가 됩니다. 반대로 작은 자에 맞지 않으면 그 타자가 다시 합니다. 이 놀이는 우리나라 자치기에 비하면 매우 간단하고, 마치 우리나라 어린이들이 즐기는 모습을 보는 것 같습니다.

5-168

핀

준비물: 나무 막대기(길이 30cm, 직경 10~15cm), 야구공   **인원수:** 3~5명

선을 긋고 적당히 떨어진 지점에 나무로 된 핀을 놓아둡니다. 3~5명의 친구들이 서로 협동하여 첫 번째 어린이가 던진 공으로 핀을 넘어뜨리지 않고 맞혀보는 놀이입니다. 즉 첫 번째 사람이 출발선에 서 공을 굴려 핀에 가장 가까운 지점으로 옮겨 놓습니다. 이번에는 두 번째 사람이 자기 공을 가지고 첫 번째 사람이 굴린 공을 맞추어서 그 공이 핀을 맞히도록 합니다. 주의할 점은 단지 핀을 맞혀야지 쓰러뜨려서는 안 된다는 것입니다. 이렇게 계속하여 첫 번째 공으로 핀을 쓰러트리지 않고 맞히기만 한 어린이가 이기게 됩니다. 반대로 핀을 쓰러트린 사람은 첫 번째 공을 굴리는 사람이 되어 처음부터 다시 합니다.

228

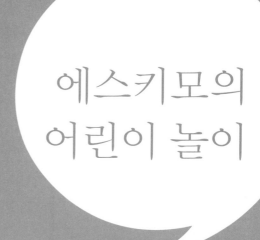

에스키모의
어린이 놀이

5-169

물개가죽 줄넘기

준비물: 물개가죽 줄　**인원수:** 5~10명

에스키모인들이 물개나 순록의 가죽으로 줄을 만들어서 하는 줄넘기입니다. 마른 풀이나 이끼 등을 가득 채워서 만든 베개(직경이 30cm 정도)를 여러 개 밧줄에 꿰어 묶습니다. 두 사람이 밧줄 양 끝을 잡고 한 방향으로 천천히 돌리기 시작하면 어린이들은 그 자리에서 줄넘기를 합니다. 줄넘기를 하다가 물개가죽으로 만든 베개에 얻어맞으면 꽤 아프니 조심하세요.

입 잡아당기기

인원수: 10명 내외

에스키모인들이 축제 때 즐기는 이 놀이는 하는 사람보다 보는 사람들이 더 재미있습니다. 두 사람이 어깨동무를 하고 나란히 앉아 안쪽 손을 펴서 손가락을 갈고리처럼 만든 다음 상대방의 입에 집어넣습니다. 시작이 되면 두 사람은 자기 손을 잡아 당겨 상대방의 고개가 돌아가도록 합니다. 입을 붙잡고 있는 손가락을 획 잡아당기면 위험하므로 두 사람은 천천히, 부드럽게, 그러면서도 힘을 주어 잡아 당겨주세요. 이렇게 하여 먼저 고개가 돌아간 어린이가 지게 됩니다.

귀 잡아당기기

인원수: 10명 내외

가죽으로 만든 줄(길이 1m 정도) 양 끝을 묶고 두 어린이가 마주보고 각각 한쪽 귀에 걸칩니다. 시작이 되면 두 어린이는 서로 귀를 잡아당겨 상대방을 자기쪽으로 끌어오는데 이렇게 하여 상대방에게 끌려가거나 아파서 기권한 사람이 지게 됩니다. '입 잡아당기기'와 '귀 잡아당기기'와 같은 엉뚱한 놀이에서 혹독한 추위에서 살아가는 에스키모인들의 강인함을 엿볼 수 있습니다.

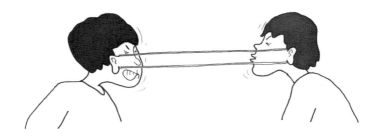

5-172

발가락 점프

인원수: 10~20명

신발과 양말을 벗어 양손으로 발가락을 움켜쥐고 쪼그려 앉습니다. 시작 신호가 나면 그 상태에서 마치 발 없는 개구리처럼 힘차게 앞으로 팔짝 뜁니다. 몸의 균형을 잡기 쉽지 않아 손으로 잡고 있는 발을 놓치기 십상입니다. 이렇게 하여 마지막으로 누가 가장 멀리 멋있게 점프를 하는지 겨루어봅시다.

쌍둥이 발가락 점프

인원수: 10~20명

두 사람이 2인 3각으로 하는 놀이입니다. 두 사람이 나란히 쪼그리고 앉아서 바깥쪽 손으로는 자기의 바깥쪽 발가락을 잡고, 안쪽 손으로는 서로 짝의 발가락을 잡습니다. 이런 자세로 출발선에 쪼그리고 앉아 있다가 시작이 되면 둘이 함께 "하나 둘 셋" 하고 외치면서 동시에 점프를 합니다.

이글라구네르크

인원수: 10~20명

웃음 경연이라는 뜻의 이글라구네르크(Iglagunerk)는 이웃집 이글루(얼음집)에서 즐기는 공동체 놀이입니다. 두 사람씩 마주보고 서로 손을 잡습니다. 시작 신호가 나면 크고 길게 웃기 시작하는데 두 사람 중에 더 크게, 더 길게 웃는 사람이 이깁니다. 웃음은 전염성이 강해 한 번 웃음이 터지면 참을 수가 없게 되지요. 이렇게 웃다 보면 방바닥을 데굴데굴 구르면서 웃는 사람들이 나오게 됩니다. 에스키모인들은 이렇게 배꼽이 터질 정도로 웃으면서 추운 겨울을 이겨냈나 봅니다.

5-175

얼음 던지고 받기

준비물: 순록이나 물개가죽으로 만든 공(직경 8~10cm)　**인원수:** 10~15명

둥글게 둘러서서 손바닥을 하늘을 향해 펴고 두 손을 쭉 폅니다. 시작 되면 공을 잡고 있는 사람이 손바닥으로 공을 쳐서 아무 사람에게 연결하면 공을 받지 말고 손으로 쳐서 다른 사람에게 넘겨줍니다. 공을 잡지 말고 두 손바닥으로 쳐서 다른 사람에게 넘겨주는 것입니다. 이런 방식으로 계속하는데, 두 손으로 치다가 숙달이 되면 다음에는 한 손으로 쳐서 즐깁니다. 말하자면 손바닥으로 하는 제기라고 할 수 있는 이 놀이는 두 사람이 짝을 지어 즐길 수도 있습니다. 진짜 얼음 대신 순록이나 물개가죽에 모래를 집어넣어 만든 공(직경 8~10m 정도)을 사용합니다.

에스키모 축구

준비물: 축구공　**인원수:** 10~20명

20~30m 떨어진 평행선을 긋고 두 모둠이 마주보고 섭니다. 지도자가 놀이터 중간선 끝에서 가운데로 공을 굴려주면서 "아이(ai!)" 하고 외치면 두 모둠 어린이들은 모두 뛰어나와 공을 상대방 선으로 찹니다. 이렇게 하여 상대방 선으로 공을 넘긴 모둠이 1점을 얻게 됩니다. 눈 위에서 공을 차므로 더 재미있겠지요.

독수리 나르기

인원수: 8~20명

요즈음에는 이 놀이를 '비행기 나르기'라고도 부릅니다. 한 사람이 양팔을 벌리고 두 다리를 붙인 채 엎드리고 있으면 세 사람이 이 사람을 들어서 나르는 놀이입니다. 두 사람이 엎드린 사람의 손목을 하나씩 잡고, 나머지 사람이 발목을 들어올리는데 몸을 구부려서는 안 됩니다. 지면에서 50~60cm 정도 높이까지 천천히 들어올려 이동하는데, 들린 사람이 힘이 빠져 축 늘어지기 시작하면 그 즉시 그 자리에 조심조심 내려놓아야 안전합니다. 이 놀이를 보면서 에스키모인들은 참 무모할 정도로 우직하다는 생각이 다시 한 번 듭니다.

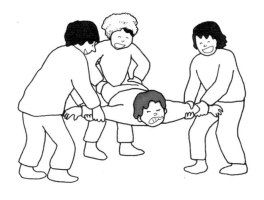

나를 따르라

인원수: 10~20명

눈 오는 날, 밖에 나가서 한 어린이가 주장이 되고 다른 어린이들은 주장을
따라갑니다. 주장은 눈 위를 오른발로 앙감질하여 뛰고, 두 손과 발을 땅에
대고 기어가고, 토끼뜀을 하는 식으로 계속 모양을 바꾸어서 뜁니다. 그러면
어린이들은 주장이 하는 대로 따라 하면서 쫓아가야 합니다.

5-179

이불 토스

준비물: 든든한 모피(해마) 이불   **인원수:** 15~20명

이 놀이는 햇볕이 따스하게 내리쬐는 날 눅눅해진 이불을 말리면서 아이들과 함께 즐기던 놀이입니다. 에스키모인들은 주로 해마 가죽으로 이불을 만들었는데, 크기가 약 4m나 될 정도로 컸다고 합니다. 사람들이 이불 끝에 둘러서서 이불을 두 손으로 든든히 잡으면 한 아이가 이불 위에 올라갑니다. 시작이 되면 사람들은 이불을 힘차게 들어 올려 이불 위에 있는 어린이를 공중 높이 던졌다가 다시 이불로 안전하게 받으면서 즐깁니다.

5-180

추측 놀이

준비물: 나뭇가지(20~30개)　**인원수:** 5~10명

술래가 나뭇가지를 20~30개 정도 들고 있으면 다른 어린이들은 눈을 꼭 감고 있습니다. 술래는 이때 나뭇가지를 한 움큼 집어서 땅바닥에 놓은 다음 "됐다" 하고 외칩니다. 다른 어린이들은 각자 땅바닥에 나뭇가지가 몇 개 놓여 있는지 눈을 감은 채로 말해 가장 정확하게 맞힌 어린이가 다음번 술래가 됩니다.

그 밖의
나라의
어린이 놀이

5-181

달팽이

준비물: 납작한 돌멩이   **인원수:** 2~4명

달팽이 모양의 선을 그림과 같이 땅바닥에 긋습니다. 2~4명의 어린이가 직경 7~10m의 납작한 돌을 1구역에 던져 넣고 가위바위보로 순서를 정합니다. 첫 번째 사람부터 여행이 시작되는데 앙감질로 1번 구역에 들어가 발로 자기 돌을 차 2구역으로 몰아갑니다. 2구역에 무사히 들어가면 다시 앙감질로 2구역으로 뛰어 넘어가서 같은 방법으로 이번에는 3번 구역으로 돌을

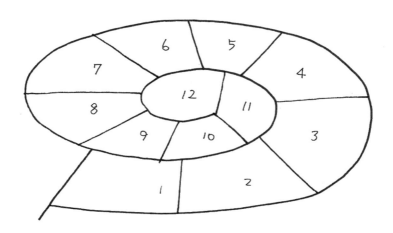

차 넘깁니다. 같은 방법으로 12번 구역까지 가서 다시 1번으로 돌아와 돌을 밖으로 먼저 내보내는 사람이 이깁니다. 놀이 도중에 찬 돌이 선에 물리거나 발로 선을 밟으면 죽게 되고 다음 사람이 이어서 합니다. 예를 들어 4번에서 5번으로 넘어갈 때 죽었다면 다음번에는 4번에 돌을 던져서 앙감질하여 4번까지 가서 시작하면 되는데, 이때에도 던진 돌이 4번 구역 밖으로 떨어지면 죽게 됩니다. 이 놀이는 유럽 전역에서 볼 수 있습니다.

5-182

풀기

인원수: 20~30명

어린이들은 술래 주위에 서 있다가 한 사람이 술래의 등을 치면 술래는 그 사람을 잡으려고 쫓아갑니다. 도망가는 사람은 누가 자기를 손으로 칠 때까지 계속 도망가야 하며, 그 사람을 살려준 사람은 오히려 도망가는 신세가 되지요. 이렇게 하여 술래에게 잡힌 사람이 새 술래가 되어 다시 합니다.

5-183

귀와 코

인원수: 15~20명

어린이들이 둥글게 둘러앉고 한 어린이가 주장이 됩니다. 놀이를 시작하기 전에 다음과 같은 말을 리듬 있게 함께 읊습니다. "알라 홉, 상 트롭, 페시겔 보즈, 코다 비암몰츠, 홉!" 이렇게 계속 하는데 절대로 웃어서는 안 됩니다. 주장이 왼쪽 사람의 귀나 코를 가볍게 잡아당기면, 그 어린이도 다시 왼쪽 사람의 귀나 코를 잡아당깁니다. 이렇게 하여 한 바퀴 돌아 다시 주장에게 돌아오면 주장은 다시 옆구리를 간지럼 태우기, 발바닥 간지럼 태우기, 등 긁어주기, 손가락으로 옆구리 찌르기 등을 합니다. 그러다가 웃는 사람이 나오면 그 사람은 잠시 원 안으로 들어가 있습니다. 이렇게 하여 누가 마지막까지 살아남는지 알아보는 놀이입니다.

바윗돌 깨뜨려

① 무릎을 양손으로 두 번 칩니다.

② 박수를 두 번 칩니다.

③,④,⑤,⑥은 돌덩이에서 돌멩이, 돌멩이에서 자갈돌, 자갈돌에서 모래알로 점차 작아지므로 양손을 벌리는 크기를 점차 줄여가는 동작으로 표현합니다.

⑦ 오른손으로 왼손을 치고, 이어서 옆 사람의 왼손을 자기 오른손으로 치기를 반복합니다.